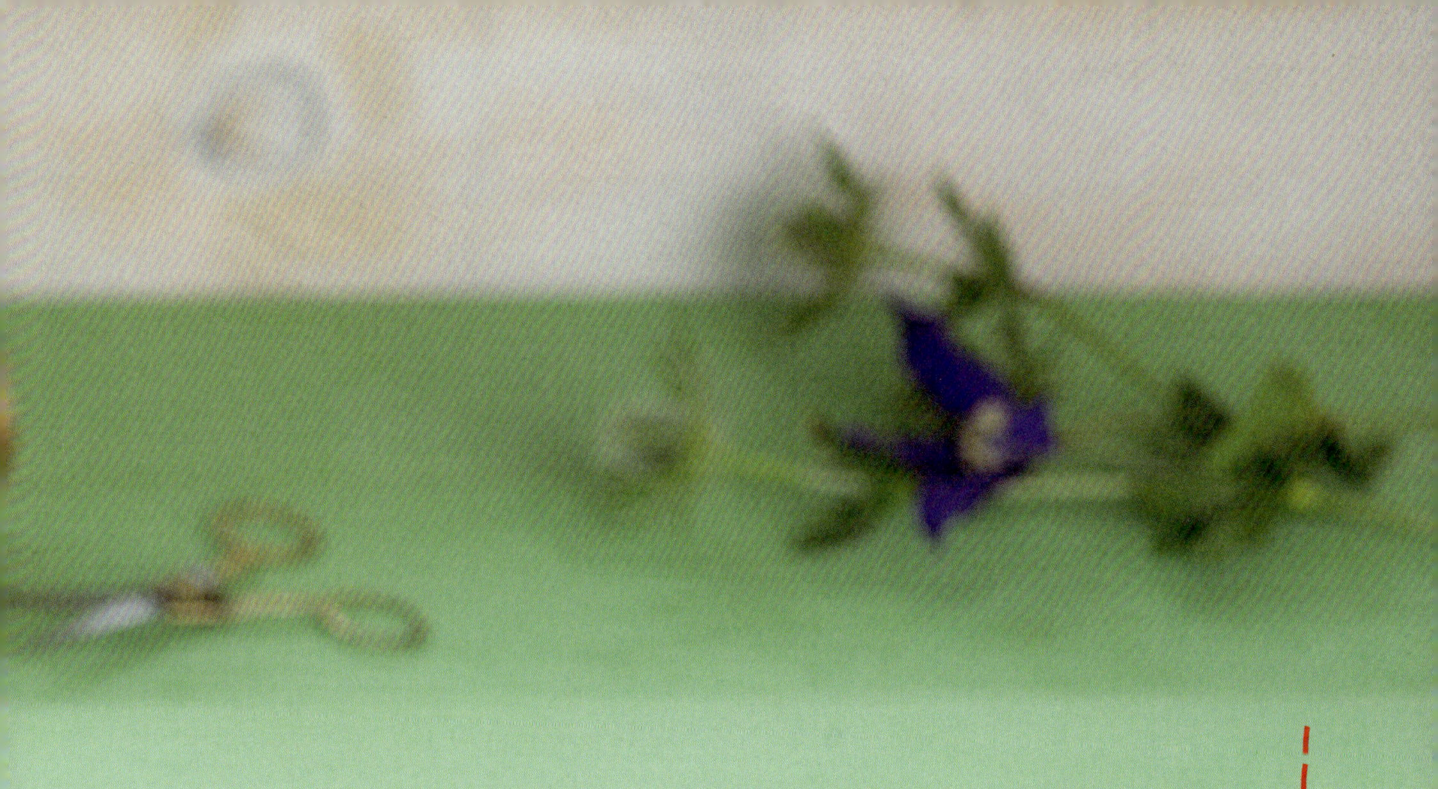

FRAUKE ANTHOLZ

Schönes aus der Natur

GENUSS, KOSMETIK & DEKO SELBSTGEMACHT

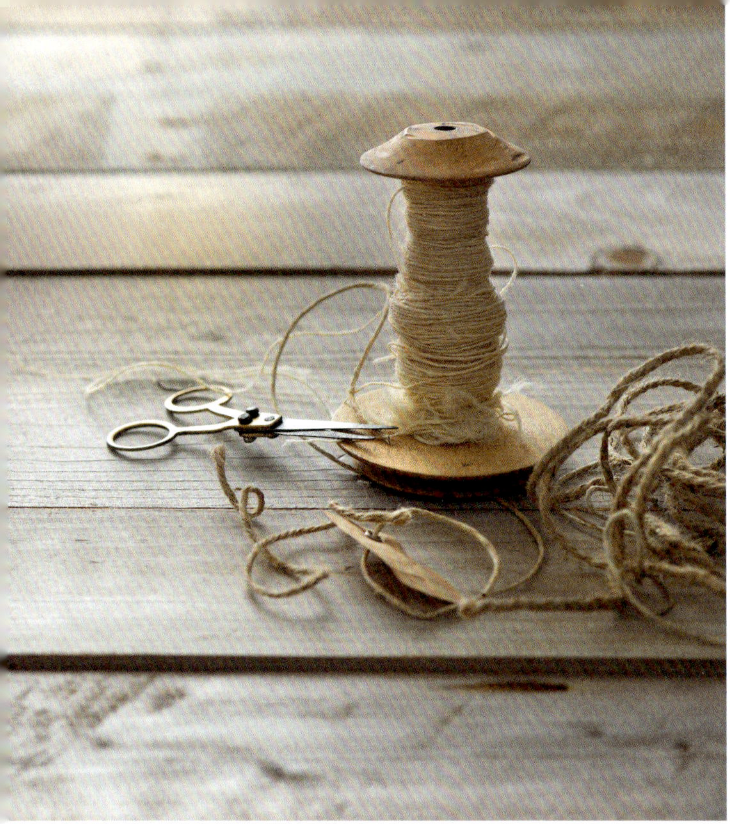

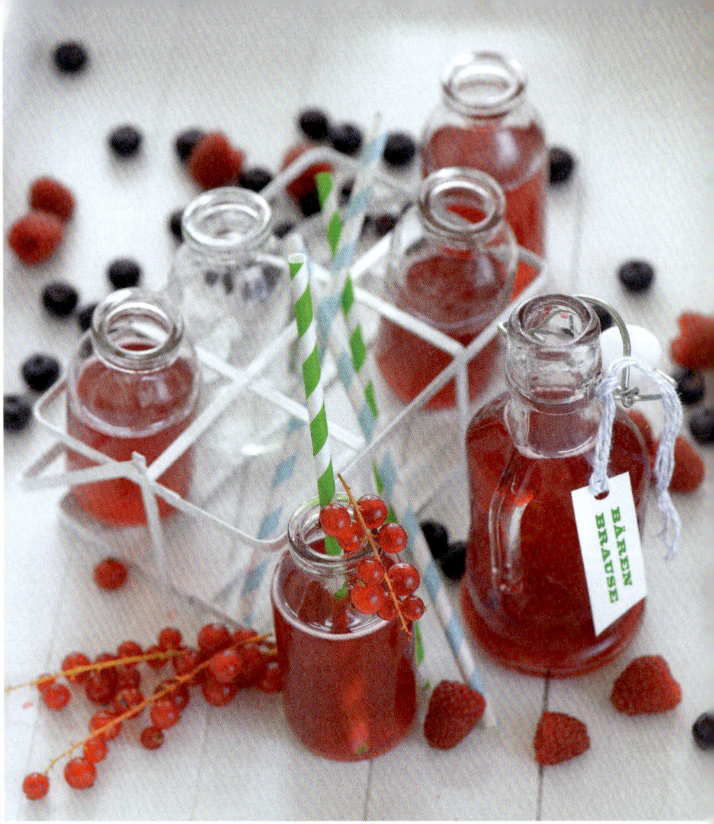
BÄREN
BRAUSE

hagebutte

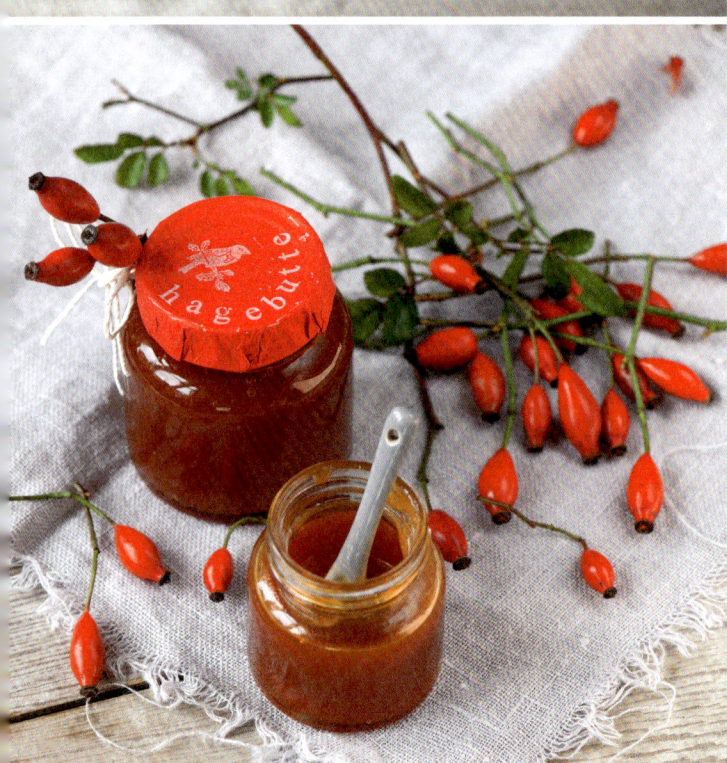

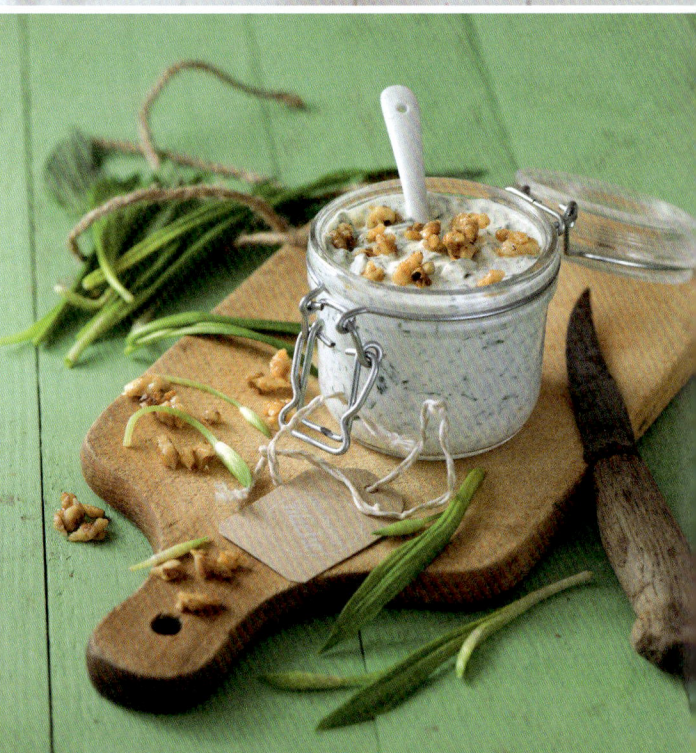

Inhalt

Vorwort

Was ist denn nun das Besondere an einem Geschenk aus der Natur?

Zuerst einmal die gute Nachricht: Die Natur bietet uns wahre Schätze in Hülle und Fülle. Wir müssen nur die Augen offen halten, wenn wir durch die Wälder streifen. Und da kommt leider auch schon die schlechte Nachricht: Es könnte sein, dass uns das gerade jetzt und sofort dringend Gesuchte nicht gleich freudestrahlend in die Hände fällt. Ein bisschen Glück gehört also dazu. Wenn Sie aber Spaß daran haben, einfach nur draußen zu sein, werden Sie sicherlich jede Stunde an der frischen Luft genießen, ganz unabhängig vom Erfolg des Beutezuges.

Wer wie ich am Meer lebt, stolpert nahezu bei jedem Schritt und Tritt über Treibholz und schöne vom Wasser glatt geschliffene Zweige und Steine. Muscheln und Hühnergötter zu finden, erfordert ein bisschen mehr Mühe und führt vielleicht dazu, dass man beim Strandspaziergang en etwas merkwürdiges Bild abgibt.

Neben dem Meer gibt es aber noch mehr: Wälder, Wiesen, kleine Bäche, große Flüsse, den Binnensee und das Moor und damit unendlich viele Möglichkeiten, die Taschen mit Schätzen aus der Natur zu füllen.

Verwitterte und urig vertrocknete Zweige gibt es zu jeder Jahreszeit, bei Kräutern, Blüten und Beeren wird es schon schwieriger. So gut wie nichts wächst zu jeder Jahreszeit und vieles gibt es auch dann nur für kurze Zeit. Ich denke da an Bärlauch oder Holunderblüten.

Die Freude über Brennnessel und Giersch währt aus ganzen anderen Gründen meist nur für kurze Zeit. Betrachten wir im März noch verzückt die ersten zarten Pflänzchen, weicht bei manch einem die Begeisterung im Laufe des Sommers schnell der Verzweiflung über das »lästige Unkraut«.

Aber davon sollten wir uns nicht beirren lassen und uns an dem erfreuen, was die Natur zu jeder Jahreszeit für uns bereithält. In diesem Sinne wünsche ich viel Spaß beim Suchen, Sammeln und Verschenken der einzigartigen Funde, die die Natur zu bieten hat.

Bevor es losgeht ...

Erlaubt ist, was gefällt...
aber es gibt auch
ein paar Dinge zu beachten

Zum Sammeln von Kräutern und Blüten

Dienen Kräuter und Blüten lediglich der Dekoration können Sie sich gern von Form, Farbe und Schönheit leiten und bezaubern lassen. Wollen Sie die gesammelten Pflanzen jedoch kulinarisch aufbereiten, sollten Sie nur das sammeln, was Sie eindeutig bestimmen kön-nen. Viele Pflanzen sind wunderschön, aber ungenieß-bar oder sogar giftig! Hier ist es unbedingt erforderlich, sich fachkundig beraten zu lassen. Das kann ein Fach-buch sein oder auch die Beratung oder Führung einer fachkundigen Person.

Und dann ist da noch der Fuchsbandwurm. Alles was bodennah wächst ist gefährdet, durch Tierkotreste verunreinigt zu werden. Kein Grund zur Panik, die Wahrscheinlichkeit, sich zu infizieren wird als sehr gering eingestuft, aber wer sicher sein will, sollte Selbstgepflücktes unbedingt auf über 60 Grad erhitzen.

Selbst wenn eine Pflanze im Überfluss vorhanden ist, sollten wir nur ernten, was wir wirklich brauchen. Das eine oder andere Kraut ist natürlich bestens geeignet, getrocknet zu werden und im Winter als Tee, Kräuterwürze oder Badezusatz wertvolle Dienste zu leisten. Zum Trocknen werden die Kräuter oder Blüten zu Sträußen gebunden und kopfüber an einem warmen und trockenen Ort aufgehängt. Ebenso gut können die Pflanzen auf Tüchern zum Trocknen ausgebreitet werden. Sobald die Pflanzen getrocknet sind, werden sie luftdicht verpackt.

Alles was nicht getrocknet werden soll, sollte möglichst frisch verarbeitet werden. Ebenso können Pflanzen für dekorative Zwecke gepresst werden. Hierzu werden die Pflanzen vorsichtig zwischen zwei Lagen saugfähiges Papier gelegt und von Büchern beschwert innerhalb einiger Tage platt und trocken gepresst.

Früchte und Beeren

Und wieder gilt – bitte nur essen, was eindeutig essbar ist. Denn die schönste Beere kann ziemlich giftig sein! Früchte und Beeren sollten ebenfalls möglichst frisch verarbeitet werden. Beeren können zur Dekoration natürlich auch getrocknet werden. Dazu die Beeren einfach an einem warmen und trockenen Ort auf einem Tuch ausgebreitet trocknen lassen. Beeren, die frisch in eine Dekoidee eingebunden werden trocknen sowieso von ganz allein.

Das Sterilisieren von Gläsern

Gläser und Flaschen müssen auf jeden Fall sorgfältig gespült werden. Direkt vor der weiteren Verwendung werden Gläser, Deckel und Dichtungsringe noch einmal für kurze Zeit in einen Topf mit kochendem Wasser gelegt. Ebenso können die Gläser kopfüber für 15 Minuten im 160 Grad heißen Backofen sterilisiert werden. Bitte vorsichtig entnehmen, denn die Gläser werden sowohl im Wasserbad als auch im Backofen sehr heiß!

Das hübsche Drumherum

Früchte und Beeren haben wir gesammelt, die nötigen Gläser zum Abfüllen stehen bereit. Nun geht es an die Verpackung, denn hübsch aussehen soll unser Werk ja schließlich auch. Ich habe mir angewöhnt, jedes noch so kleine und vielleicht im ersten Augenblick sogar unscheinbare Bändchen in einem Karton zu sammeln. Gleiches gilt für Seidenpapier und anderes Verpackungsmaterial. So habe ich mittlerweile einen großen Fundus an gesammelten Rest-Materialien, muss nicht alles neu kaufen und finde garantiert immer neue Kombinationsmöglichkeiten. Denn nichts ist langweiliger, als nur zum altbewährten Schleifenband zu greifen.

Grobes Juteband ergänzt sich ganz wunderbar mit feinstem Seidenpapier und ich kann wahrlich nicht von mir behaupten, jede Verpackung vorher im Detail geplant zu haben. Vieles passiert hier ganz spontan und auch ich probiere aus, verwerfe, bin kurz vorm Verzweifeln und ein bisschen verwundert, wenn am Ende alles anders aussieht als gedacht, aber dafür umso schöner!

Was tun mit Steinen, Muscheln und gesammelten Zweigen?

Ob nun alles penibel **gesäubert** und desinfiziert wird, bleibt jedem selbst überlassen. *Auf jeden Fall* sollten wir unsere **Schätze** trocknen lassen und zumindest von grobem *Schmutz* befreien.

Für mich darf aber durchaus ein **Hauch von Natur** erhalten bleiben, und *es stört mich nicht,* wenn aus den porösen Löchern eines **Treibholzes** ein bisschen *Sand* rieselt.

OBEN: Trockene Zweige und Äste von abgestorbenen Bäumen sind leicht zu finden und lassen sich vielfältig einsetzen.

Was wir noch so brauchen

Neben all den fleißig gesammelten Schätzen benötigt man auch noch ein wenig Handwerkszeug. Äste wollen zersägt, Löcher zum Aufhängen gebohrt und das eine oder andere Stück durch Draht verbunden werden. Blumendraht darf gerne in verschiedenen Stärken vorhanden sein.

Neben den schon erwähnten gesammelten Bändchenresten gibt es natürlich eine riesige Auswahl an Tütelband. Ich liebe bunte Hanf und- Jutebänder, Bäckergarn in allen Farben und selbst das gute alte Schleifenband gibt es in wunderschönen Farben und Mustern. Da kann ich selten widerstehen. Gleiches gilt übrigens für Stempel. Für mich unerlässlich: Buchstabenstempel, da ich nicht gerade mit einer Schönschrift gesegnet bin.

Die Axt im Walde

Trockene Zweige und Äste von abgestorbenen Bäumen dürfen gern gesammelt werden. Wir sollten aber Abstand davon nehmen, mit Säge und Axt durch die Wälder zu streifen. Sicherlich ist es kein Problem, einen blühenden Holunderzweig abzuschneiden, aber auch hier gilt, bitte alles in Maßen, und vor allem nicht wild drauflosgraben, abknicken und verwüsten wie ein futtersuchendes Wildschwein. Eine stabile Gartenschere leistet dabei gute Dienste und findet in jeder Tasche Platz.

Trödel und Co

Und weil wir gerade so schön beim Sammeln sind: Dachböden, Keller und Flohmärkte sind eine wahre Fundgrube verkannter oder längst vergessener Schätze.

Und alles, was ein bisschen Patina angesetzt hat, verträgt sich ganz wunderbar mit unseren Schätzen aus der Natur.

Alte rostige Gartengeräte sind vielleicht nicht mehr zu gebrauchen, gehören als dekoratives Beiwerk dennoch längst nicht zum alten Eisen. Gläser und Töpfe müssen nicht unbedingt neu sein, im Zusammenspiel mit Lebensmitteln aber auf jeden Fall rostfrei und sauber.

Das ganze Sammelsurium

Natürlich kann man nicht alles sammeln, wir wollen uns schließlich nicht zumüllen. Ein kleines feines Sortiment sollte aber erlaubt sein.

Mein Tipp: Regelmäßig aussortieren, was dann doch keine Verwendung gefunden hat. Alles, was so richtig schön ist, wird sowieso verbaut, verbastelt und verschenkt.

Und weiter?

Wie gesagt: Erlaubt ist was gefällt ... Jedes Fundstück hat eine ganz besondere Form, die vielleicht schon vorgibt, wohin die Reise denn nun gehen soll. Das Schöne an den Fundstücken aus der Natur ist, dass sie einzigartig sind, und somit ist auch alles, was wir damit anstellen, auf jeden Fall etwas ganz Besonderes. Kein Stein gleicht dem anderen, und die von mir vorgestellten Ideen sollen lediglich als Inspiration dienen und den Anstoß geben, eigene Ideen zu entwickeln. So entsteht am Ende das ganz besondere, einzigartige und sehr persönliche Geschenk. Dabei wünsche ich Ihnen viel Spaß und gutes Gelingen!

OBEN: Hanf-, Jute- oder Bäckergarn in allen Farben. Die Auswahl ist riesig und gibt jedem Geschenk eine persönliche Note.

Beeren– *vielfalt*

Prall, *fruchtig und bunt* sind sie alle, egal ob im **Sommer frisch** *direkt vom Strauch* genascht oder im **Herbst** *dekorativ* in die Vase gestellt.

Bunter Eiertanz

Eierfärben mit Pflanzenfarben

Eierfärben macht nicht nur Kindern Spaß. Und für die nötige Spannung sorgt das leicht Unberechenbare der Naturfarben. Eigentlich weiß man vorher nie so genau, was dabei herauskommt, aber eines ist garantiert, jedes Ei ist etwas ganz Besonderes!

So wird's gemacht

1. Den Essig mit 1 l lauwarmem Wasser mischen und die Eier ca. 30 Minuten darin liegen lassen, um Sie zu reinigen und Fett zu entfernen. Anschließend die Eier im Essigwasser in ca. 8 Minuten hart kochen und abkühlen lassen.

2. Für die Kräuterdeko werden kleine Kräuterblättchen glatt auf das Ei gelegt. Damit die Blättchen nicht verrutschen, mit einem kleinen angefeuchteten Pinsel glatt streichen. Vorsichtig ein Stück Nylonstrumpf darüberziehen und an beiden Seiten mit dem Küchengarn stramm zuknoten.

3. Nun werden die Eier in die verschiedenen Pflanzenfarben gelegt (s. Seite 18). Sie sollten gut bedeckt sein. Am besten nach Sicht färben, so können unterschiedliche Farbnuancen erzielt werden. Die Pflanzenfarben können verschiedenste Marmorierungen hervorrufen, jedes Ei ist garantiert ein Unikat. Nach dem Färben die Nylonstrümpfe aufschneiden und die Eier mit ein wenig Öl zum Glänzen bringen.

4. Zur Dekoration den Drahtkorb mit möglichst trockenem Moos auspolstern. Ist das Moos zu feucht, können die Eier fleckig werden. Von außen kann ein wenig Moos mit Blumendraht am Korb festgebunden werden.

Zutaten

1 EL Essig

Weiße Eier

Einige zarte fedrige Wiesenkräuter

Etwas Öl

Utensilien

Alte Nylonstrumpfhose

Kleiner Pinsel

Küchengarn

Kleiner Drahtkorb

Blumendraht

Moos

Natürliche Farbvielfalt

Pflanzenfarben herstellen

Färben geht auch ohne Chemie. Das Ergebnis ist vielleicht ein bisschen unberechenbar, aber dafür ganz bestimmt einzigartig. Und die Farben sind weder grell noch ungesund – eben ganz natürlich.

Zutaten

Je nach gewünschter Farbe:

Blau: 100 g Holunderbeeren, Holunderbeerensaft oder Heidelbeeren

Grünlich-gelb: 3 Handvoll Brennnesselblätter oder Birkenblätter

Gelb: 2 Handvoll Kamille oder Goldrutenkraut

Rot: 1 Rote Bete oder 2 Handvoll Malve

Grünlich: 3 Handvoll Schachtelhalm oder Petersilie

Ca. 50 g Alaun

So wird's gemacht

1. Zur Herstellung der Farbbäder die Pflanzen, Beeren oder Blüten mit je 0,5 l Wasser erhitzen und ca. 30 Minuten leicht köcheln lassen. Durch ein feines Sieb filtern und dem aufgefangenen Farbsud zur Farbintensivierung Alaun zugeben (auf 0,5 l Farbsud kommt ½ TL Alaun).

Tipp: Das Färben funktioniert natürlich auch mit ausgeblasenen Eiern. Und für das Färben von gekochten Eiern sollten nur Pflanzen verwendet werden, die auch essbar sind.

Beerenbrause

Limonade mit gemischten Beeren

Zutaten

Für ca. 1,5 l Limonade:

650 g gemischte Beeren
(z. B. Erdbeeren,
Himbeeren, Blaubeeren,
Johannisbeeren)

5 Stängel Melisse

250 g Zucker

350 ml Wasser

Saft von 1 Bio-Zitrone

1 l Mineralwasser (ob still
oder mit Kohlsäure ist
reine Geschmacksache)

Utensilien

Kochtopf

Feines Sieb

Verschiedene sterilisierte
Flaschen mit passender
Füllmenge

Trichter

Einige Stängel Melisse
zur Dekoration

Ein erfrischend beeriger Sommergenuss für kleine und große Genießer. Ob mit oder ohne »Blubber« bleibt dem persönlichen Geschmack überlassen. Es darf wild und bunt gesammelt werden … denn erlaubt ist, was gefällt und schmeckt.

So wird's gemacht

1. Die Beeren waschen und in einen Topf geben. Die Kräuter (Melisse) ebenfalls waschen und die Blätter von den Stängeln zupfen.

2. Die Beeren mit Wasser, Zucker und Melisseblättern aufkochen und 10 Minuten kochen lassen. Vom Herd nehmen und 1–2 Stunden gut durchziehen lassen.

3. Durch ein feines Sieb gießen, den Zitronensaft zugeben, noch einmal kurz aufkochen und für diejenigen, die die Limonade nicht sofort mischen wollen in sterilisierte Flaschen abfüllen und kühl lagern. Alle anderen lassen den Fruchtsirup abkühlen und mischen diesen dann mit Mineralwasser. Die fertige Limonade hält sich einige Tage im Kühlschrank.

Holler im Blütenrausch

Apfel-Holunder-Gelee

Holunderblüten machen nicht nur als Sirup eine gute Figur sondern sind auch zu Gelee verarbeitet ein Genuss. Und durch solch zarte Geschmacksverführung bekommt sogar der gestandene Apfel noch rote Bäckchen.

So wird's gemacht

1. Die Äpfel schälen, entkernen und in grobe Würfel schneiden. Die Zitrone in Scheiben schneiden. Die Holunderblüten in einer Schüssel mit kaltem Wasser schwenken, um Schmutz und kleinste Insekten zu entfernen. Dabei das Wasser mehrfach wechseln.

2. Apfelwürfel, Zitronenscheiben und Holunderblüten mit dem Wasser in einen Topf geben und ca. 15 Minuten kochen, bis die Äpfel zu Mus werden. Ein Mulltuch über einen Topf legen und das Mus hineingeben. Kräftig ausdrücken oder über Nacht abtropfen lassen.

3. Den so entstandenen Saft abwiegen (um die richtige Menge Gelierzucker berechnen zu können), in einen Topf geben und aufkochen lassen, bei Bedarf immer wieder den Schaum abschöpfen. Die Zitronensäure und den Gelierzucker zugeben und den Saft 4 Minuten kochen lassen.

4. Gelierprobe machen und das heiße Gelee sofort in die vorbereiteten Gläser füllen. Fest verschließen und 10 Minuten auf den Kopf stellen.

5. Vor dem Verschenken werden die Gläser noch mit einem Stoffhäubchen aufgehübscht. Dazu die Stoffreste passend zurechtschneiden, über die Deckel legen und mit dem Juteband verschnüren.

Zutaten

**Für ca. 4 Gläser
à 200 ml:**

1 kg Äpfel

10 Holunderblüten-
dolden

1 unbehandelte
Bio-Zitrone

500 ml Wasser

1 Paket Zitronensäure

500 g Gelierzucker 2:1

Utensilien

4 Schraubgläser für
200 ml

Kleine quadratische
Stoffreste

Hanf-oder Juteband

Beerige Sünde

Himbeerzucker

Süß und pink, das perfekte Topping für Dessert, Cupcake und Sahnetorte. Aber auch auf einem frischen grünen Salat mit einem säuerlichen Dressing macht der Zucker eine gute Figur und nimmt der Säure die Strenge.

Zutaten

100 g Himbeeren

300 g Zucker

Mark von 1 Vanilleschote

Abgeriebene Schale von ½ Zitrone

Utensilien

Schüssel

Backblech

1 Bogen Backpapier

Holzlöffel

Gläser

Etikett (z. B. ein Post-it mit Küchenutensilien)

Buchstabenstempel

Rosa Stempelfarbe

Dünnes Paketband

So wird's gemacht

1. Die empfindlichen Himbeeren möglichst nicht waschen, sondern nur leicht abputzen oder notfalls kurz abbrausen. Die trockenen Früchte pürieren und mit Zucker, Vanillemark und Zitronenschale mischen.

2. Ein Backblech mit Backpapier auslegen und den Zucker locker darauf verteilen. Den Ofen auf 50 Grad Umluft vorheizen und die Zuckermischung ca. 2 Stunden bei leicht geöffneter Ofentür (dazu einfach einen Holzlöffel zwischen die Ofentür klemmen) trocknen lassen. Den Zucker zwischendurch mehrfach mit den Fingern zerkrümeln. So lässt sich auch prüfen, ob der Zucker trocken ist. Wenn der Zucker nicht mehr an den Fingern klebt, aus dem Ofen nehmen und erkalten lassen. Erst vollständig erkaltet in Gläser füllen.

3. Das Etikett mit den Stempeln beschriften, lochen und mit einem Stück Paketband am Deckelverschluss festknoten.

Herz zu verschenken

Kleine Kräuterherzen mit Zapfen und Beeren

Einzeln als Geschenkanhänger, mit einem Maskingtape auf eine Karte geklebt oder auch für Viel-Herz-Verschenker zu mehreren an einem schönen Zweig aufgehängt. Es gibt immer eine Gelegenheit, ein Herz zu verschenken.

So wird's gemacht

1. Jeweils zwei Kräuterstängel an den unteren Enden mit einem Stück Kordel zusammenbinden. Nun die beiden Stängelspitzen zusammenfassen und die unteren Enden so umbiegen, dass ein Herz entsteht. Die mit den unteren Enden verknotete Kordel stramm ziehen und mit den Stängelspitzen verknoten, sodass das Herz stabil in Form gehalten wird.

2. Ein weiteres kurzes Stück Kordel als Aufhängung an das Herz knoten und kleine Zapfen und Beeren mit Blumendraht an den Kräuterherzen befestigen.

Utensilien

Verschiedene langstielige Kräuter z. B. Lavendel, Thymian, Majoran und Rosmarin (am besten solche, die nicht sofort trocken und welk werden)

Dünne Jutekordel

Dünner Blumendraht

Kleine Zapfen und Beeren

Holler-Bonscher

Karamellbonbons mit Holunder

Zutaten

300 g Holunderbeeren

75 ml Wasser

250 g Zucker

50 g Butter

3 EL Honig

50 ml Sahne

Utensilien

Kleiner Topf

Feines Sieb

Beschichtete Pfanne

Holzkochlöffel

**Quadratische Backform
20 × 20 cm**

1 TL Öl

Backpapier

Scharfes Messer

Etwas Öl

Butterbrotpapier

Eine süße Sünde – Holunderbeerensaft zum Lutschen! Vorsicht ist allerdings bei der Zubereitung geboten: Karamell wird sehr heiß und kann leicht zu Verbrennungen führen. Also nicht direkt aus der Pfanne naschen!

So wird's gemacht

1. Die Holunderbeeren waschen und mit einer Gabel von den Rispen streifen. Die Beeren mit dem Wasser in einen Topf geben und 10 Minuten kochen lassen. Anschließend durch ein feines Sieb streichen, den Saft dabei auffangen.

2. Die Backform leicht einfetten und mit dem Backpapier auslegen. Das Einfetten verhindert, dass das Backpapier beim Einfüllen der klebrigen Masse verrutscht.

3. Zucker und Butter in einer beschichteten Pfanne schmelzen, den Honig zufügen und alles unter Rühren goldgelb karamellisieren lassen.

4. Ist die Masse goldgelb und cremig vorsichtig den Holunderbeerensaft und die Sahne zufügen. Achtung: die Masse schäumt stark auf! Unter ständigem Rühren ca. 15 Minuten bei mittlerer Hitze einkochen lassen. Die Konsistenz sollte am Schluss dicklich cremig sein.

5. Die fertige Bonboncreme in die Backform füllen und leicht abkühlen lassen. Das Messer leicht einölen und die noch nicht erstarrte Masse in kleine Würfel schneiden. Diese auf ein Stück Backpapier legen und vollständig auskühlen lassen.

6. Das Butterbrotpapier in kleine Quadrate schneiden und die erkalteten Bonbons einzeln einwickeln.

bonbons

Blaupause

Pasta mit Heidelbeeren

Für alle Skeptiker: Die Nudeln schmecken nicht wirklich fruchtig, bekommen aber eine schöne Farbe. Richtig fruchtig wird's erst als süßes Sommergericht mit frischen Früchten und Vanillesoße oder -eis.

So wird's gemacht

1. Die Heidelbeeren waschen, mit 50 ml Wasser aufkochen und 10 Minuten kochen. Anschließend durch ein Mulltuch pressen, dabei den Saft auffangen.

2. Das Mehl in eine Schüssel geben und das Ei darüber aufschlagen. Mehl und Ei vom Rand aus langsam mit den Fingern vermengen. Nach und nach auch den Saft zufügen und den Teig ca. 5 Minuten kräftig kneten. Der Teig sollte weich und geschmeidig sein. Ist der Teig zu klebrig, noch etwas Mehl zufügen. Nun sollte der Teig mit einem Küchentuch zugedeckt 30 Minuten ruhen.

3. Den Teig in kleinere Stücke teilen und diese mit der Nudelmaschine zu Platten ausrollen. Wenn die gewünschte Dicke erreicht ist, die fertigen Teigplatten auf eine leicht bemehlte Arbeitsfläche legen, mit der Walze für Tagliatelle zu Streifen schneiden und zum Trocknen ausbreiten oder locker zu Nudelnestern aufdrehen.

4. Die getrockneten Nudeln können zum Verschenken in ein schönes Glas verpackt werden. Aus dem handgeschöpften Papier mit den Fingern vorsichtig ein unregelmäßiges Etikett reißen, bestempeln und mit dem Klebestift auf das Glas kleben. Den Deckel mit dem »handmade«-Aufkleber versiegeln.

Zutaten

150 g Heidelbeeren (oder andere Beeren nach Wahl)

50 ml Wasser

200 g Mehl

1 Ei

Utensilien

Kleiner Topf

Feines Sieb

Mulltuch

Rührschüssel

Nudelmaschine

Schraubglas

Aufkleber »handmade« (hier von www.casa-di-falcone.de)

1 kleines Stück handgeschöpftes Papier

Buchstabenstempel

Stempelfarbe

Klebestift

Fruchtige Farbenpracht
Mit Fruchtauszügen bedrucken

Utensilien

1 Handvoll Früchte (können auch überreif und matschig sein)

Kleines feines Sieb

1 TL Speisestärke

Kleiner Topf

½ TL Alaun

1 mittelgroße Kartoffel

2 kleine Plätzchen-Ausstecher

Textstempel »Für Dich« (z. B. von www.smalltreasures.de)

Kleines spitzes Messer

Einige Bögen strukturiertes weißes oder leicht cremefarbenes Schreibpapier

Konturenschere

Pinsel

Klebstoff

Locher

Buntes Hanfband

Buntes Seidenpapier

Es muss nicht immer eine Zellophantüte sein, um ein paar Plätzchen, Schokodrops oder andere Kleinigkeiten zu verpacken. Eine individuelle Geschenktüte ist schnell gemacht und jede ist ein Unikat.

So wird's gemacht

1. Die Früchte durch das Sieb zu Mus pressen, in einen kleinen Topf geben und kurz aufkochen. In der Zwischenzeit die Speisestärke mit etwas kaltem Wasser glatt rühren und das heiße Fruchtmus damit binden. Es sollte eine relativ feste Masse entstehen, die sich aber noch gut mit dem Pinsel als Farbe aufnehmen lässt. Die Masse in ein kleines Schälchen füllen und abkühlen lassen. Abgekühlt wird die Fruchtfarbe leicht klebrig, lässt sich so aber gut auf die Kartoffelstempel auftragen. Zur Verstärkung der Farbe kann je nach Fruchtmenge bis zu ½ TL Alaun zugegeben werden.

2. Für die beiden Stempel die Kartoffel quer halbieren und in jede Hälfte eine Ausstechform ca. 1 cm tief eindrücken. Mit dem Messer rund um die Ausstechform einen Rand von ca. 0,5 cm wegschneiden. Die Ausstechform entfernen und fertig ist der Stempel.

3. Für die Tüten schneiden Sie das Papier mit der Konturenschere in Quadrate von ca. 20 cm Größe. Anschließend die Kartoffelstempel mit Fruchtfarbe bestreichen und die Papierquadrate bestempeln. Den Textstempel ebenfalls mit Fruchtfarbe bestreichen und einen Aufdruck auf die Tüten stempeln.

4. Sobald die Farbe getrocknet ist, werden die Tüten zusammengeklebt. Dazu die Quadrate über eine Ecke zu einer Tüte rollen und zusammenkleben. In die obere Ecke wird dann noch ein Loch gestanzt und ein buntes Band geknotet.

Verführung im Glas
Brombeerlikör

Dunkelrot und herrlich fruchtig im Glas, so darf der Sommer langsam Abschied nehmen und wir machen es uns im Herbst gemütlich.

So wird's gemacht

1. Die Brombeeren vorsichtig abspülen und zusammen mit dem Rotwein und 150 g Kandis in einen Topf geben. Die Beeren ca. 10 Minuten bei mittlerer Hitze unter Rühren leicht kochen, am besten über Nacht abkühlen und durchziehen lassen. Am nächsten Tag durch ein Mulltuch pressen.

2. Die Vanilleschote der Länge nach aufschlitzen und zusammen mit den anderen Gewürzen, dem durchgepressten Brombeersaft, dem restlichen Kandis und dem Rum in ein verschließbares Gefäß füllen. Den Likör etwa 2–3 Wochen durchziehen lassen, dabei zwischendurch immer wieder vorsichtig durchrühren, damit sich die Aromen gut mischen.

3. Zum Verschenken in Flaschen füllen, dabei können die Gewürze zur Deko mit abgefüllt werden. Eventuell noch etwas Kandis frisch als Dekoration hinzugeben. Ein längliches Etikett passend zur Länge der Flasche zurechtschneiden und beschriften. Für den Deckel ein Stück Seidenpapier zuschneiden, über den Deckel legen und mit dem Hanfband verschnüren. Das Etikett mit einem Klebestift auf die Flasche kleben, dabei die Enden des Hanfbandes mit festkleben.

Zutaten

750 g Brombeeren

0,5 l trockenen Rotwein

250 g groben braunen Kandis

1 Vanilleschote

1 Zimtstange

3 Sternanis

0,75 l Rum

Utensilien

Kochtopf

Holzlöffel

Mulltuch

Großes Schraubglas

Kleine Flaschen mit ca. 200 ml Inhalt oder 1 Flasche mit 0,5 l Inhalt

Lilafarbenes Seidenpapier

Lilafarbenes Hanfband

Buchstabenstempel

Stempelfarbe in lila oder Bordeauxtönen

Klebestift

Streichzarte Köstlichkeit

Hagebuttenmus

Zutaten

Für 4–5 Gläser à 225 g:

1 kg Hagebutten

0,25 l Apfelsaft

1 Zimtstange

1 Vanillestange

500 g Birnen oder Äpfel

Saft von ½ Zitrone

750 g Gelierzucker 2:1

Utensilien

Mittelgroßer Kochtopf

Kochlöffel

Flotte Lotte, Haarsieb
oder Mulltuch

Sparschäler oder
Gemüsemesser

5 sterilisierte Gläser
mit 225 g Füllmenge

Rotes Seidenpapier

Weiße Stempelfarbe

Buchstabenstempel &
Motivstempel

Hagebutten findet man zumeist an Wald- oder Wegrändern, sodass jeder entspannte Herbstspaziergang auch gleich zum Früchtesammeln genutzt werden kann.

So wird's gemacht

1. Die gesammelten Früchte waschen und von Fruchtansatz und Stiel befreien. Zum Entkernen die Hagebutten im Ganzen in einen Topf füllen, knapp mit Wasser bedecken und ca. 20 Minuten kochen, bis die Früchte weich sind. Nun durch eine flotte Lotte oder ein Haarsieb passieren, um Schalen und Kerne zu entfernen und ein feines Mus zu erhalten.

2. Das Hagebuttenmus zusammen mit dem Apfelsaft, Zimt und Vanillestange in einen Topf geben und ca. 30 Minuten mit den Gewürzen durchziehen lassen, dann erneut aufkochen. In der Zwischenzeit die Äpfel schälen, vierteln und das Kerngehäuse entfernen. Die Apfelviertel würfeln und mit dem Zitronensaft mischen, damit die Äpfel nicht braun werden. Die Apfelwürfel zugeben und das Ganze kurz aufkochen, bis die Äpfel zu Mus zerfallen.

3. Zimt- und Vanillestange entfernen, den Gelierzucker zugeben, gut durchrühren und das Ganze nach Anleitung etwa 4 Minuten kochen. Gelierprobe machen und noch heiß in die vorbereiteten Gläser füllen.

4. Aus dem Seidenpapier einen Kreis zurechtschneiden, der rundum ca. 2 cm breiter als der Deckeldurchmesser der verwendeten Gläser ist. Als Schablone kann ein entsprechend größerer Deckel oder ein Glas genommen werden. Das Seidenpapier mit Sprühkleber auf den Deckel kleben, die Ränder umschlagen und ebenfalls festkleben. Nun den Deckel mit den Buchstabenstempeln und dem Motivstempel beschriften.

Hängendes Sammelsurium
Girlande aus Naturfundstücken

Wenn das keine Einladung zu einem ausgiebigen Spaziergang ist. Am Weg -und Waldrand wächst alles, was man für eine kunterbunte Natur-Girlande braucht. Also Gartenschere und Korb greifen und los geht's.

So wird's gemacht

1. Nach dem Frischlufterlebnis wird zuerst der Ast in schmale Scheiben zersägt und jede Scheibe bekommt ein Loch gebohrt. Die Astscheiben mit Schleifpapier glatt schleifen, so lassen sie sich später besser bestempeln.

2. Die Astscheiben nach Belieben mit Acryllack lackieren und trocknen lassen. Nun können die Scheiben mit einem Wort oder Spruch bestempelt werden.

3. Ein dickes Juteband an beiden Enden mit einer Schlaufe zum Aufhängen verknoten. Beeren und Zapfen mit dem dicken Juteband verknoten. Nun noch die bestempelten Astscheiben mit Aufhängern aus dünnem Juteband versehen und dazwischen knoten. Fertig ist die Natur-Girlande und wir können uns mit unserer Dekoration aufmachen zum nächsten Sommer- oder doch schon Sommer-abschiedsfest.

Utensilien

2–3 cm dicker Ast oder fertig gesägte Astscheiben von 2–3 cm Durchmesser

Säge

Bohrmaschine

Schmirgelpapier

Acryllack in beliebiger Farbe

Buchstabenstempel

Stempelfarbe

Mittelstarkes Juteband

Dünnes Juteband

Frische oder getrocknete Beeren

Verschiedene Zapfen, Eicheln

Birdies Cake Pop Party

Meisenknödel mal anders

Eine gelungene Cake Pop Winter-Party für kleine gefiederte Freunde ist nicht schwer zu organisieren. Es müssen nicht mal Einladungen verschickt werden, denn es spricht sich garantiert schnell rum, sobald das Buffet eröffnet ist.

Zutaten

125 g Kokosfett

200 g gemischtes Vogelfutter

50 g getrocknete Beeren (z. B. Holunderbeere, Hagebutte, Berberitze, Sanddorn, Schlehe, Schneeball)

Utensilien

5 fingerdicke ca. 15 cm lange Äste

So wird's gemacht

1. Für die Vogel-Cake Pops das Kokosfett in einem Topf schmelzen. Sobald das Fett geschmolzen ist, Vogelfutter und Beeren unterrühren und das Ganze leicht abkühlen lassen. Zwischendurch immer wieder testen, ob sich die Masse schon zu Kugeln formen lässt.

2. Sobald die Masse stabil aber noch formbar ist, Kugeln formen, je einen Ast in die Mitte stecken und gut andrücken. Die Cake Pops kühl stellen und fest werden lassen.

3. Der Vogel-Knabberspaß kann an einem Band aufgehängt, in einen Topf oder auch direkt in die Erde gesteckt werden.

Par

Grün & wild

Nicht nur in der **Natur** geben *Kräuter und Pflanzen* eine **gute Figur** ab. Auch in der **Küche** sind sie *kaum mehr wegzudenken*. Warum also nicht einmal ein paar der **grünen Wildlinge** *sammeln* und *verarbeiten*?

Gewickelt und gezwirbelt

Bärlauch-Käsestangen

Zutaten

150 g Käse
150 g Mehl
50 g Hartweizengrieß
½ TL Backpulver
½ TL Salz
150 g Butter
1 Eigelb
2 EL Milch
Einige Bärlauchblätter

Utensilien

Rührschüssel
Käsereibe
Mixer
Nudelholz
Teigrad
Kleiner Pinsel
Backpapier

Gar nicht kompliziert – nur etwas verdreht. Käsestangen sind immer lecker und frischer Bärlauch sorgt hier noch für den besonderen Pfiff.

So wird's gemacht

1. Den Käse grob reiben. Mehl, Hartweizengrieß, Backpulver und Salz in einer Schüssel mischen. Die Butter in Stückchen zufügen und den Teig gut durchkneten, dabei nach und nach den Käse zugeben. Der Teig sollte geschmeidig und nicht brüchig sein. Den Teig in Frischhaltefolie wickeln und für 30 Minuten in den Kühlschrank legen.

2. Den Bärlauch waschen und mit einem Tuch vorsichtig trocknen. Die Bärlauchblätter längs halbieren, dabei den harten Stiel herausschneiden.

3. Die Arbeitsfläche leicht mit Mehl bestäuben und den Teig ca. 0,5 cm dick rechteckig ausrollen. Mit dem Teigrädchen ca. 1 cm breite und 8–10 cm lange Streifen ausschneiden. Die Streifen sollten die Länge der Bärlauchblätter haben. Den Ofen auf 180 Grad Ober-/Unterhitze vorheizen. Das Eigelb mit der Milch verquirlen und die Teigstreifen mit dem Eigelb einpinseln.

4. Jede Käsestange mit einem halben Bärlauchblatt belegen und die Enden der Käsestangen gegeneinander verdrehen. Auf ein mit Backpapier ausgelegtes Backblech legen und noch einmal mit Eigelb bepinseln. Die Bärlauch-Käsestangen auf der mittleren Schiene ca. 10–12 Minuten goldgelb backen.

Meckerkäse
Ziegenfrischkäse mit Bärlauch, Birne und Walnüssen

Endlich ist es wieder soweit: Es ist Frühling und Bärlauchzeit! Auch wenn der Bärlauch dem giftigen Maiglöckchen sehr ähnlich sieht, man sollte ihn am knoblauchähnlichen Duft erkennen. Also immer der Nase nach!

Zutaten

150 g Ziegenfrischkäse

50 g Bärlauch

1 Handvoll Walnusskerne

1 TL Honig

½ kleine Birne

Salz, Pfeffer

Saft von ½ Zitrone

Utensilien

Kleine Rührschüssel

Gabel

Bügelglas mit 200 g Füllmenge

Bastelkarton für ein Etikett

So wird's gemacht

1. Den Ziegenkäse in eine kleine Schüssel füllen. Den Bärlauch gut abspülen und trocken schleudern. Anschließend fein hacken und zum Ziegenkäse geben.

2. Die Walnüsse in einer Pfanne ohne Öl anrösten, bis sie anfangen zu duften, dann den Honig dazugeben und die Walnüsse karamellisieren. Auf einem Brett leicht auskühlen lassen und grob hacken.

3. Die Birne schälen und eine Hälfte in feine Würfel schneiden. Walnüsse und Birnenwürfel ebenfalls zum Ziegenkäse geben und alles gut mit der Gabel miteinander verrühren.

4. Mit Salz, Pfeffer und Zitronensaft abschmecken.

5. Den Frischkäse in das Bügelglas füllen, verschließen und kühl stellen. Der Frischkäse sollte ein paar Stunden, gern auch über Nacht, durchziehen.

käse

Kräuterkracher
Knäckebrot mit Kräuter-Nuss-Würze

Zutaten

100 g Dinkelvollmehl

100 g Weizenmehl

50 g Roggenschrot

75 g feine Haferflocken

1 TL Meersalz

50 g gehackte Haselnuss-
kerne

50 g gehackte Walnuss-
kerne

2 TL Brotmischung aus
Fenchel, Koriander und
Kümmel, im Mörser
zerstoßen

50 g gehackte gemischte
Kräuter (z.B. Sauerampfer,
Pimpinelle, Kerbel, Vogel-
miere, Giersch, Borretsch,
Dill)

½ Würfel Hefe

1 TL Honig

200 ml lauwarmes
Wasser

2 EL Rapsöl

Ein knackig-würziger Knäcke-Kracher für jedes Gartenfest, pur oder auch mit einem lecker-frischen Kräuterquark.

So wird's gemacht

1. Mehl, Schrot, Haferflocken und Salz gut miteinander mischen. Von den Nüssen und Kräutern jeweils 2 EL zum späteren Bestreuen beiseite legen, die restlichen Kerne und Kräuter zur Mehlmischung geben.

2. Die Hefe und den Honig in 200 ml lauwarmem Wasser auflösen. Diese Mischung und das Öl nach und nach zum Mehl geben und gut verkneten. Ebenfalls nach und nach das restliche Wasser zugeben, bis ein weicher, aber nicht flüssiger Teig entsteht. Den Teig zugedeckt eine Stunde gehen lassen.

3. Den Ofen auf 200 Grad Umluft vorheizen, den Teig noch einmal kräftig durch-kneten und in 10 Stücke teilen. Die Stücke zu Kugeln formen und dünn ausrollen. Jeden Fladen mit ein wenig Kräuter-Nuss-Mischung bestreuen.

4. Die Knäckebrote 10 Minuten backen, dann den Ofen auf 180 Grad runterschalten und ca. 20–25 Minuten fertig backen. Zwischendurch prüfen damit das Knäcke zwar trocken und knusprig wird, aber nicht verbrennt. Je nach ausgerollter Dicke und Größe der Fladen kann die Backzeit auch länger oder kürzer sein.

Tipp: Damit das Knäckebrot knusprig bleibt, unbedingt luftdicht verpacken. Weich gewordenes Knäcke kann jedoch im Backofen problemlos kurz aufgeröstet werden und ist dann wieder lecker knusprig.

Geschenktipp

Knäckebrot und **Ziegenfrischkäse** lassen sich
auch ganz **wunderbar** *in Kombination* verschenken!
Einfach lecker!

Pesto verde

Brennnesselpesto

Ein Pesto das den fernen Süden im Namen trägt, aber direkt vor unserer Haustür seine Heimat hat. Und garantiert so lecker schmeckt wie Urlaub und Heimat in einem.

Zutaten

100 g Brennnesselblätter

2 EL Sonnenblumenkerne

1 Knoblauchzehe

30 g geriebener Parmesan

50 ml Sonnenblumenöl

Saft von ½ Zitrone

Salz

Pfeffer, frisch gemahlen

Utensilien

Handschuhe
(zum Sammeln)

Kleiner Topf

Kleine Pfanne

Gemüsemesser

Pürierstab

Kleines Deckelglas

So wird's gemacht

1. Zunächst die Brennnesselblätter von den Stängeln streifen, gründlich waschen und trocken schleudern. Die Sonnenblumenkerne in einer Pfanne ohne Zugabe von Öl anrösten, bis sie anfangen zu duften.

2. Die Knoblauchzehe schälen und grob hacken. Dann alle Zutaten bis auf Salz und Pfeffer in ein hohes Gefäß geben und mit dem Pürierstab fein pürieren. Erst zum Schluss mit Salz und Pfeffer abschmecken.

Tipp: Unbedingt Handschuhe anziehen beim Sammeln, denn wie der Name schon sagt, Brennnesseln brennen! Allerdings nur die fein behaarten Stängel und die ebenfalls fein behaarten Blattränder. Die Blattober- und -unterseiten können bedenkenlos direkt berührt werden. Gesammelt werden die jungen Blätter und Triebe, aber bitte keine Pflanzen samt Wurzel ausreißen, denn dann kann nichts mehr nachwachsen. Das fertige Pesto kann einzeln verschenkt werden oder aber wie im folgenden Rezept gezeigt als »Garnitur« dienen.

verde

Brennend lecker

Miniwähen mit Brennnesselpesto

»Wähen« sind flache Blechkuchen aus Mürb-, Hefe- oder Blätterteig. Wir wagen uns bei diesem Rezept an die Mini-Version und zaubern in Kombination mit dem Brennnessel-Pesto von S. 52 kleine unwiderstehliche Köstlichkeiten.

So wird's gemacht

1. Für den Hefeteig Mehl und Salz in einer Schüssel mischen. Die Milch handwarm erwärmen, Honig und Hefe darin auflösen und mit dem Schneebesen gut vermischen. Milch und Öl nach und nach zum Mehl geben und den Teig am besten mit den Händen durchkneten. Es sollte ein geschmeidiger Teig entstehen, bei Bedarf noch etwas Mehl oder Öl zugeben. Den Teig zugedeckt an einem warmen Ort eine halbe Stunde gehen lassen.

2. Den Ofen auf 200 Grad Ober-/Unterhitze vorheizen. Den Hefeteig in 10 Portionen teilen und diese erst zu einer Kugel formen, dann zu kleinen Fladen platt drücken. Auf ein mit Backpapier ausgelegtes Backblech legen. Je einen TL Pesto (siehe Seite 52) auf jeden Fladen geben und leicht verstreichen. Das übrig gebliebene Pesto in ein kleines Glas abfüllen und mitverschenken. Die Fladen mit den gehackten Sonnenblumenkernen bestreuen und ca. 15–20 Minuten backen.

Zutaten

Teig:

250 g Dinkelmehl

½ TL Salz

125 ml lauwarme Milch

½ Würfel frische Hefe

1 TL Honig

1 EL Rapsöl

1 EL gehackte Sonnenblumenkerne zur Dekoration

Utensilien

Schüssel

Küchentuch zum Abdecken

Backblech

1 Bogen Backpapier

Süßer Frischekick

Minzsirup

Den Duft von Minze kennt wohl jeder, also immer der Nase nach! Auch wenn es unglaublich viele Minzesorten gibt. Noch dazu breitet sich Minze gut, gerne und reichlich aus, es darf also nach Herzenslust geerntet werden.

Zutaten

100 g frische Minze
2 Limetten
500 ml Wasser
1 Beutel Zitronensäure
500 g Zucker

Utensilien

Zitronenpresse
Kochtopf
Feines Sieb oder Mulltuch
2 sterilisierte Flaschen à 250 ml
Quadratische Stoffreste
Buntes Baumwollgarn
Aufkleber »handmade« oder »aus meiner Küche« (z. B. von casa di falcone)

So wird's gemacht

1. Die Minzeblätter von den Stängeln streifen, waschen und trockenschleudern. Die Limetten heiß abspülen und 1 Limette in feine Scheiben schneiden, die andere auspressen.

2. Minze, Limettensaft, Wasser und Zitronensäure in einen Topf geben und kurz aufkochen lassen. Nun die Limettenscheiben dazugeben, das Ganze mit einem Teller beschweren und den Sud über Nacht durchziehen lassen.

3. Am nächsten Tag den Sud durch ein feines Sieb oder ein Mulltuch in einen Topf gießen, die Minzeblätter noch einmal gut ausdrücken, den Sud mit dem Zucker aufkochen und leicht dicklich einkochen lassen. Noch heiß in sterilisierte Flaschen abfüllen.

4. Die Stoffreste auf die Deckel legen und mit dem Band festschnüren. Die Aufkleber auf die Flaschen kleben und einen kleinen Zweig Minze zur Deko an die Flaschen binden.

5. Der Sirup hält sich ungeöffnet und gekühlt ca. 6 Monate, geöffnet sollte der Sirup innerhalb von 4–6 Wochen verbraucht werden.

Ein guter Geist

Kräuterschnaps

Ein üppiges Essen kann schwer im Magen liegen. Doch Rettung naht für Magen, Geist und Wohlbefinden. Ein paar wilde Kräuter in Wald und Wiese gesammelt und schon kann es losgehen.

So wird's gemacht

1. Die Kräuter waschen, trocken schütteln und leicht zerpflücken. Zusammen mit dem Korn und dem Kandis in das Schraubglas füllen und ca. 1 Woche durchziehen lassen. Dabei ab und zu schütteln, damit sich die Aromen gut verbinden. Nun durch ein Tuch abseihen und in die vorbereiteten Flaschen abfüllen.

2. Zum Verschenken dem Deckel ein Häubchen aus Seidenpapier aufsetzen, eine Lasche aus Baumwollband darüberlegen und alles mit dem Bäckergarn festbinden. Das Baumwollband strammziehen und auf der Flasche festkleben.

3. Aus dem gleichen Seidenpapier ein Etikett schneiden, beschriften und ebenfalls mit dem Klebestift auf der Flasche festkleben. Zur Deko einen kleinen Kräuterzweig unter das Band schieben.

Zutaten

100 g gemischte frische Kräuter (Beifuß, Thymian, Johanniskraut, Majoran, Spitzwegerich, Fenchel, Löwenzahn, Brennnessel, Salbei, Minze, Zitronenmelisse, Dost, Estragon, Schafgarbe, Lorbeer)

100 g braunen Kandis, wer es weniger süß möchte, nimmt nur 50 g

0,5 l Doppelkorn

Utensilien

Großes Schraubglas für 750 ml

2 Flaschen à 250 ml

Braunes Seidenpapier

Passendes Baumwollband

Bäckergarn

Klebestift

1 getrockneter Kräuterzweig

Kräuternudeln
Pasta mit Kräutern

Auch wenn es eigentlich gar nicht kompliziert ist, wir nehmen uns viel zu selten die Zeit, unsere Pasta selbst zu machen. Doch: Die Mühe lohnt sich!

Zutaten

300 g Mehl

3 Eier

1 Prise Salz

3 EL Olivenöl

Feine Kräuter wie Petersilie, Pimpernelle, Kerbel, Giersch, Vogelmiere

Utensilien

Große Schüssel

Nudelmaschine

Teigrädchen

Mittleres bis großes Weckglas

Weckglasverschlussklammer

Aufkleber »handmade« (hier von www.smalltreasures.de)

So wird's gemacht

1. Das Mehl in eine große Schüssel geben und in der Mitte eine Mulde formen. Die Eier in die Mulde schlagen und das Salz darüber streuen.

2. Die Eier am besten mit den Händen langsam von innen nach außen mit dem Mehl vermengen. Nach und nach auch das Olivenöl dazugeben und alles mit den Händen zu einem geschmeidigen Teig kneten. Der Teig sollte elastisch, aber nicht klebrig sein. Den Teig mindestens fünf Minuten gut durchkneten, dann abgedeckt 30 Minuten ruhen lassen.

3. Den Teig in kleine Portionen teilen und diese mit der Nudelmaschine erst auf breitester Stufe, dann immer feiner ausrollen.

4. Zum Schluss je eine Teigplatte mit Kräutern belegen, eine zweite Teigplatte darüberlegen, beide leicht zusammendrücken und erneut mit der Nudelmaschine dünn ausrollen. Nun mit dem Teigrädchen Pastastreifen oder auch Rauten ausschneiden und zum Trocknen auf ein Kuchengitter legen.

5. Die Pasta sollte vor dem Verpacken gut durchgetrocknet sein.

Erleu

Zarte Erleuchtung
Transparentes Windlicht

Selbst ein laues Lüftchen kann eine Kerzenflamme ganz schön zum Flackern bringen. Ein Windschutz wirkt Wunder und verzaubert uns dank der Pflanzenverzierungen mit Licht-und Schattenspielen.

So wird's gemacht

1. Zuerst einmal muss ein schönes Kraut gefunden werden. Zum Pressen eignet sich eigentlich alles, was ein schönes Blatt oder eine schöne Blüte hat. Blüten sollten nicht allzu dickfleischig sein, flache filigrane Blüten lassen sich besser »platt drücken«.

2. Die Pflanzen zwischen das Papier legen und mit Büchern beschwert einige Tage trocknen lassen. Butterbrotpapier in ca. 30 × 40 cm oder passend zum Glas zuschneiden. Dabei die Höhe doppelt berechnen, da das Papier einmal längs in der Mitte gefaltet wird.

3. Die getrockneten Pflanzen auf der Rückseite ganz dünn mit etwas Klebstoff bestreichen und zwischen die Papierlagen drapieren. Wenn rundum ein schönes Muster gelegt ist, alle vier Seiten mit der Nähmaschine im Zickzackstich säumen. Dabei etwas Abstand zum Rand halten und diesen anschließend mit einer Konturenschere in Form schneiden.

4. Nun das Papier zu einem Ring schließen, die Kanten oben und unten vernähen und über das Weckglas stülpen. Das Teelicht hineinstellen und die lauschige Sommernacht kann kommen.

Utensilien

Einige Stängel Farn oder Wiesenkräuter

Saugfähiges Schreibpapier

Transparentpapier oder Butterbrotpapier

Klebstoff

Farbiges Nähgarn

Nähmaschine

Konturenschere

Hohes Weckglas oder ein anderes passendes Glas

Teelicht

Einfach mal Abschalten

Badetee für Kräuterhexen und Badenixen

Wer liebt es nicht, entspannt in der warmen Wanne zu liegen und duftige Kräuter mit einem Hauch von Sommer einzuatmen. Neben dem Duft haben die Kräuter auch eine entspannende Wirkung für den Körper und sind gut für die Haut.

Zutaten

**Kräuter, z.B. Johannis-
kraut, Lavendel, Ringel-
blume, Melisse, Gänse-
blümchen, Spitzwegerich,
Ackerschachtelhalm,
Hopfen, Löwenzahn**

**1 kleines Fläschchen
ätherisches Lavendelöl**

Utensilien

Papierteebeutel

Dicke Nähnadel

**Bäckergarn in verschiede-
nen Farben**

Papieretikett

Buchstabenstempel

Stempelfarbe

So wird's gemacht

1. Zunächst müssen einige Blüten und Kräuter gesammelt werden. Die Pflanzen zu Sträußchen zusammenbinden und kopfüber zum Trocknen aufhängen.

2. Die trockenen Kräuter leicht mit der Hand zerpflücken, die Blüten von den Stängeln zupfen. Alles gut mischen und in einzelne Teebeutel füllen.

3. Die obere Lasche umschlagen und mit Nadel und Bäckergarn zunähen. Ein Etikett bestempeln und mit Bäckergarn an den Badeteebeuteln festknoten.

Tipp: Ca. 50–60 g des Badetees reichen für ein Vollbad.

Luft

Einmal tief Luftholen
Dampfbad für die Atemwege

Einfach mal ein Tuch über den Kopf ziehen, alles ausblenden und tief durchatmen. Das tut nicht nur den Atemwegen gut, es klärt und erfrischt die Gesichtshaut und ist herrlich entspannend.

So wird's gemacht

1. Zunächst geht es ans Sammeln und Trocknen der Kräuter.

2. Die getrockneten Kräuter zwischen den Fingern leicht zerdrücken und in einer kleinen Schüssel gut durchmischen.

3. Aus dem Bastelpapier einen Kreis passend zum Weckglasdeckel schneiden, beschriften und auf den Deckel kleben.

4. Die Kräuter in das Weckglas füllen und mit Deckel und Klammer verschließen.

Tipp: Für das Dampfbad 1 Handvoll der Kräutermischung in eine große Schüssel füllen und mit heißem Wasser übergießen. Das Dampfbad leicht abkühlen und die Kräuter durchziehen lassen. Und dann wie schon gesagt, Tuch über den Kopf und Nase in den Dampf.

Zutaten

Je zwei Handvoll Kamille, Thymian, Minze und Salbei

Utensilien

Flaches Weckglas

Verschlussklemme für das Weckglas

Bastelpapier

Klebestift

Alles Gute!

Erkältungstee

Ein bisschen Voraussicht ist hier unerlässlich, da Holunder und Linde im Frühjahr blühen, wo noch niemand an die erste Erkältung im Winter denken mag. Aber aller Zuversicht zum Trotz, wir sind gerüstet.

Zutaten

20 g Holunderblüten

20 g Lindenblüten

10 g Salbei

20 g Fenchel

10 g Süßholz (Apotheke oder Kräuterladen)

10 g blaue Malvenblüten (Apotheke oder Kräuterladen)

Utensilien

Schüssel

Zellophantüte

Papiertüte

Dicke Nähnadel

Hanfband

Kleiner Plastiklöffel

Runder Etiketten-Stanzer

So wird's gemacht

1. Die Kräuter einfach zu Sträußchen zusammenbinden und zum Trocknen aufhängen. Sobald die Kräuter trocken sind, grob zerpflücken und zur Lagerung z. B. in ausgediente Gläser füllen. So können die einzelnen Kräuter je nach Bedarf zusammengemischt werden.

2. Für den Erkältungstee die entsprechenden Kräuter in eine Schale geben, gut durchmischen und in die Zellophantüte füllen.

3. Die Gucklöcher werden mit dem Etiketten-Stanzer in die Papiertüte gestanzt. Wer keinen Stanzer hat, kann die Gucklöcher auch mit einem Backförmchen vorzeichnen und mit der Schere ausschneiden.

4. Nun wird die gefüllte Zellophantüte in die Papiertüte gesteckt, die obere Öffnung zu einer Lasche umgeknickt und mit einer dicken Nähnadel und Hanfband zugenäht. Einen kleinen Löffel daran binden und fertig ist das Geschenk für alle Schniefnasen.

ROTZ LÖFFEL
&
ROTZNASEN

TEE

Gute

Aus der Naturapotheke
Fenchelhonig

*Mit dem Winter kommt die erste Erkältung, Husten, Halskratzen und Heiserkeit.
Ein Teelöffel Fenchelhonig pur oder in einem Becher Tee gelöst, bewirkt vielleicht
keine Wunder, schafft aber Linderung, entkrampft und tut gut.*

So wird's gemacht

1. Den Fenchel in einen Mörser geben und grob zerstoßen. So wird das ätherische Öl im Fenchel freigesetzt und kann sich optimal mit dem Honig verbinden.

2. Den Fenchel zum Honig geben und beides gut miteinander verrühren. Der Honig sollte mindestens eine Woche durchziehen, damit der Fenchel seine volle Wirkung entfalten kann. Vor dem Verschenken den Honig durch ein feines Sieb gießen, um die Fenchelsamen zu entfernen und den Honig in das saubere Honigglas zurückfüllen.

3. Mit der Bohrmaschine ein kleines Loch in das Holzstück bohren. Das Holz mit den Stempeln beschriften und mit einem Stück Baumwollband am Glas befestigen.

Zutaten

30 g getrocknete Fenchelsamen

500 g flüssigen Honig vom Imker

Utensilien

Honigglas mit 500 g Füllmenge

1 glatt geschliffenes kleines Holzstück als Etikett

Bohrmaschine

Buchstabenstempel

Schwarze Stempelfarbe

Dickes Baumwollgarn

Blütenzauber

Sie *wiegen* sich im **Sommerwind,** *duften* betörend und versprühen **pure Lebensfreude.** Blüten gibt es in allen *Formen und Farben* – genauso *vielfältig* sind die **Ideen,** was wir **alles** *mit ihnen* anstellen können.

Dach über dem Kopf

Gewächshaus für zarte Pflänzchen

Gerade im Frühling, wenn es noch recht frisch ist, können empfindliche junge Pflänzchen ein bisschen Schutz vertragen. Aber auch ohne die schützende Funktion ist das kleine Gewächshaus eine schöne Dekoration für die Kaffeetafel.

Utensilien

Großes Weckglas

Kleine Suppenschale, in die das Glas kopfüber hineinpasst

Blumenerde

Kleine Zwiebelblume oder auch zarte Kräuter

2 verschiedenfarbige Streifen Tonpapier für den Geschenkanhänger

Hanfband

Buchstabenstempel

Stempelfarbe

So wird's gemacht

1. Die Schale mit Blumenerde füllen und die Pflanze hineinsetzen. Ganz vorsichtig das Weckglas darüberstülpen und fest in die Erde drücken, sodass das Glas fest in der Erde gehalten wird und nicht kippen kann.

2. Die Tonpapierstreifen übereinanderlegen, in der Mitte knicken und an den Enden ein Dreieck ausschneiden, sodass ein Fähnchen entsteht. Das Fähnchen bestempeln, um den Knick ein Stück Hanfband legen und den Geschenkanhänger an der Pflanzschale festknoten.

Tipp: Die auf dem Foto zum Verschenken gewählte Schachbrettblume bedarf dazu noch des besonderen Schutzes. Da sie zu den stark gefährdeten Pflanzenarten zählt, darf sie in der freien Natur weder gepflückt noch ausgegraben werden. Wer also eine Schachbrettblume verschenken möchte, macht auch der Natur und deren Artenvielfalt ein Geschenk. Die Zwiebeln oder vorgetriebenen Pflanzen dafür bitte unbedingt in der Gärtnerei kaufen und ausnahmsweise nicht selbst sammeln.

Zutaten

Trocken:

50 g Zitronensäure

100 g Natron

30 g Milchpulver

65 g Meersalz

Nadeln von 3 Zweigen Rosmarin

Lebensmittelfarbe als Paste oder Pulver

Ölig:

50 g Kakaobutter

1 EL neutrales Öl z.B. Sonnenblumenöl

20 Tropfen ätherisches Orangenöl

Utensilien

Große Schüssel

Kleiner Kochtopf

Wasserbadschüssel zum Schmelzen

Holzbrett

Seidenpapier

Dymo- oder selbstgeschriebene Etiketten

Hanfband

Klebestift

Sprudelnder Badespaß
Badepralinen

Das Wichtigste zuerst: Damit der Sprudelspaß nicht schon während der Zubereitung in der Küche beginnt, dürfen die trockenen Zutaten auf keinen Fall mit Wasser oder wässrigen Substanzen in Berührung kommen.

So wird's gemacht

1. Die trockenen Zutaten in einer Schüssel mischen.

2. Die Kakaobutter über dem Wasserbad schmelzen und handwarm erwärmen.

3. Öl und ätherisches Öl mit der geschmolzenen Kakaobutter mischen und diese nach und nach zu den trockenen Zutaten geben. Dabei mit den Händen gut durchkneten, bis eine leicht bröselige, aber formbare Masse entstanden ist. Mit den Händen zu Kugeln formen und auf einem Brett trocknen lassen. Dies dauert ca. 2 Tage.

4. Die Kugeln einzeln wie ein Bonbon in Seidenpapier wickeln, die Enden mit Hanfband verschnüren und die Etiketten aufkleben.

5. Die Kugeln sollten innerhalb von 2–3 Monaten verbraucht werden, da sie mit der Zeit ihre sprudelnde Wirkung verlieren.

spaß

Überraschungs-Blüher

Selbstgesammelte Blumensamen

Den ganzen Sommer blühen wilde Wiesenblumen in bunter Pracht. Wer also im Sommer fleißig Samen sammelt, kann im Winter die Verheißung einer bunten Sommerwiese für den Garten oder auch Balkon verschenken.

So wird's gemacht

1. Aus dem Motivkarton mit der Konturenschere Rechtecke von ca. 8 × 10 cm Größe zurechtschneiden. Die Rechtecke über die kurze Seite aufrollen und jeweils zu einem Zylinder zusammenkleben. Die oberen und unteren Enden um 90 Grad versetzt zusammendrücken und mit einer dicken Nadel an beiden Enden je zwei Löcher für die Klammern durchstechen. Das untere Ende mit zwei Rundkopf-klammern verschließen.

2. Aus dem Butterbrotpapier Rechtecke von ca. 6 × 8 cm zurechtschneiden. Diese Rechtecke ebenfalls über die kurze Seite zu Zylindern rollen, das untere Ende um-knicken, die Samen einfüllen und auch das obere Ende durch Umknicken verschlie-ßen. Das Samentütchen in die vorbereiteten Zylinder stecken und die obere Öffnung der Geschenktütchen ebenfalls mit zwei Klammern verschließen.

3. Aus dem Motivkarton ein schmales Etikett schneiden, mit »Sommerwiese« beschriften und mit dem Bäckergarn an einem der Samentütchen befestigen.

Utensilien

Bunte Mischung selbst gesammelter Blumensamen

Motivkarton

Konturenschere

Klebstoff

Kleine bunte Rundkopf-klammern (z. B. von Rayher)

1 Bogen Butterbrotpapier

Buntes Bäckergarn

Einfach dufte!

Aromawindlicht

Erlaubt ist alles, was am Wegesrand grünt und blüht und vor allem duftet.
Ein buntes Potpourri sieht auch in der Wohnung wunderschön aus und
duftet betörend.

Utensilien

2 Weckgläser unterschiedlicher Größe, die ineinander passen

Verschiedene Duftkräuter wie Lavendel, Thymian, Dost, Kamille, Minze, wilder Fenchel

Baumwollschleifenband

Teelicht

So wird's gemacht

1. Sind die Kräuter und Blumen frisch gesammelt, das größere Weckglas mit Wasser füllen und das kleinere Glas hineinstellen.

2. Rund um das kleine Glas die verschiedenen Kräuter und Blüten in das wassergefüllte Glas stecken und abwechslungsreich arrangieren. Zum Schluss das Schleifenband locker um das Glas knoten.

3. In das kleinere Glas kommt nun das Teelicht, und durch die Wärme der Kerzenflamme verstärkt, verströmen die Pflanzen ihren Duft.

Tipp: Das kleinere Glas so groß wählen, dass die Kräuter nicht mit der Flamme in Berührung kommen können.

Rosige Zeiten
Badesalz mit Rosenblüten

Beim Sammeln der Rosenblüten sollte uns nicht allein die schöne Blüte, sondern vor allem der Duft verzaubern, denn nur eine duftende Rosenblüte kann ihren betörenden Geruch an das Badesalz abgeben.

So wird's gemacht

1. Die Muschel mit dem Acryllack dünn lackieren, trocknen lassen und am besten mit Heißkleber auf dem Deckel des Schraubglases festkleben. Wer ein Glas mit Metalldeckel verwendet, sollte darauf achten, dass der Deckel von innen beschichtet ist oder einen Papiereinleger enthält, da das Salz das Metall oxidieren lässt.

2. Meersalz und Rosenblüten mischen und in das Glas füllen, dabei darauf achten, dass die Rosenblüten dekorativ im Salz verteilt sind. Das Glas gut verschließen und einige Tage durchziehen lassen. Wenn das Glas trocken und gut verschlossen gelagert wird, bleibt auch das Salz trocken und lange haltbar.

3. Wer später keine Rosenblüten aus dem Badewasser fischen möchte, sollte das Salz einfach vor Gebrauch in einen Einweg-Teebeutel füllen und diesen gut verschnürt zum Badewasser geben.

Tipp: Für einen intensiveren Rosenduft können bei der Zubereitung 10 Tropfen ätherisches Rosenöl mit dem Salz gut durchgemischt werden. Dann sollte das Salz vor dem Abfüllen einige Stunden auf einem Brett ausgebreitet trocknen.

Zutaten

300 g Totes-Meer-Salz

1 gute Handvoll frische oder getrocknete Rosen-blüten

Utensilien

Schraubdeckelglas in passender Größe

1 Muschel

Weißer Acryllack

Blühender Teich

Blütenschale der besonderen Art

Kleine Steine finden sich eigentlich überall: am Strand, an Bach- und Flussufern oder auch auf Feld-und Waldwegen. Ein kleines Steinchen kann also immer mal in die Jackentasche wandern. Die Blumen werden dann frisch gepflückt.

Utensilien

Tiefer Teller

Runde und längliche kleine Steine

Frisch gepflückte Blüten (hier Schneeball, strahlenlose Kamille, Lauch)

Dickes Juteband

So wird's gemacht

1. Die Steine bei Bedarf säubern und in einen tiefen Teller legen, den Teller mit Wasser füllen.

2. Die Blüten auf die gewünschte Länge kürzen und einzelne oder auch mal mehrere Stängel mit dem Juteband an einem länglichen Stein festbinden. Dazu einfach den Stein und die Blüten mit dem Juteband umwickeln und die Enden verknoten oder zu einer Schleife binden.

3. Die Blumensteine nun zwischen die anderen Steine auf dem Teller arrangieren, dabei darauf achten, dass die Blütenstängel im Wasser stehen.

Tipp: Zum Transport sollte die Schale am besten nur mit wenig Wasser gefüllt sein und dann vom Beschenkten aufgefüllt werden.

Somme

Bitte Platz nehmen

Untersetzer mit Sommerfeeling

Ein kleiner Sommerspaziergang zum Blütensammeln ist immer willkommen. Die Blüten werden dann zwischen saugfähigem Papier und dicken Büchern getrocknet und schon kann es losgehen mit den praktischen Platzhaltern.

So wird's gemacht

1. Die Modelliermasse in 4 gleich große Stücke teilen und mit dem Nudelholz auf Backpapier nicht dünner als 1 cm ausrollen.

2. Nun nach Lust und Laune mit Blüten, Kräutern oder Gräsern belegen und diese vorsichtig mit dem Nudelholz in die Modelliermasse drücken.

3. Über Nacht trocknen lassen und am nächsten Tag zum Schutz mit dem Serviettenlack lackieren.

Utensilien

500 g lufttrocknende Modelliermasse in Weiß

Einige Stängel getrocknete Blüten und Kräuter

Serviettenlack und -kleber, matt

Pinsel

Nudelholz

Backpapier

feeling

Ringelpiez mit Anfassen

Ringelblumen-Massageöl

Ein bisschen verspannt sind wir doch alle hin und wieder. Wer kann einer Massage da schon widerstehen? Wenn dann noch ein schönes Massageöl ins Spiel kommt, ist der Genuss perfekt.

Zutaten

200 ml Mandelöl

2 Handvoll getrocknete Ringelblumenblüten

Utensilien

Schraubglas passend für 250 ml

Kaffeefilter

Kleine dunkle Fläschchen

So wird's gemacht

1. Die Ringelblumen kopfüber zum Trocknen aufhängen und geduldig warten.

2. Die getrockneten Ringelblumenblüten und das Öl in das Schraubglas füllen und wieder geduldig warten, denn das Öl muss jetzt ca. 14 Tage gut durchziehen. Dabei ab und zu schütteln, damit sich die Aromen gut verbinden.

3. Zum Schluss das Öl durch einen Kaffeefilter in kleine braune Fläschchen abfüllen. Lichtgeschützt hält das Öl einfach besser.

Hängepartie

Hängevase mit Blüten und Kräutern

Ein Blumengruß, der auch einfach mal an die Haustür der netten Nachbarn gehängt werden kann oder an den Garderobenhaken, einen Möbelknopf oder, oder… ein kleines Plätzchen zum Rumhängen findet sich bestimmt.

So wird's gemacht

1. Ein ca. 30 cm langes Stück Blumendraht mit dem Seitenschneider abkneifen, und mit der Rundzange zu einem Blumenornament biegen. Das untere Ende länger lassen und mehrfach um das Glas winden, sodass das Glas festgehalten wird.

2. Einzelne Thymianzweige um das Ornament legen und mit dem feinen Blumendraht umwickeln. Der dicke Blumendraht sollte komplett verhüllt werden.

3. Die Blüten auf die passende Länge zurechtschneiden, das Fläschchen mit Wasser füllen und die Blumen hineinstellen. Ein Schleifenband als dekorative Aufhängung am Blumenornament befestigen.

Utensilien

Kräuter mit holzigem aber biegsamem Stiel, z. B. Thymian

Kleine Glasvase mit Verdickung am oberen Rand oder kleines Milchfläschchen

Dicker, stabil in der Form bleibender Blumendraht

Feiner Blumendraht

Seitenschneider

Rundzange

Verschiedene Wiesenblumen

Schleifenband

Pflanzenkunst

Leinwand mit Blüten

Es ist noch kein Meister vom Himmel gefallen und wer nicht malen kann, muss nicht verzweifeln. Eine Leinwand kann auch ganz anders zu einem persönlichen Kunstwerk werden.

Utensilien

Frische Blüten

Saugfähiges Schreib-papier

Kleine Leinwände

Wasserlösliche Acrylfarbe

Pinsel

Maskingtape

Hanfband als Aufhän-gung

Papierstreifen

Klebstoff

So wird's gemacht

1. Die Blüten vorsichtig zwischen zwei Lagen Papier ausbreiten und mit Büchern beschwert einige Tage trocknen lassen.

2. In der Zwischenzeit die Leinwände in Farben der eigenen Wahl lackieren.

3. Auf der Rückseite der Leinwände mit Hanfband, einem Papierstreifen und Klebstoff eine Aufhängung befestigen.

4. Die getrockneten Blüten dekorativ auf den Leinwänden anordnen und mit schmalen Streifen Maskingtape fixieren. So kann das Blumengemälde jederzeit neu arrangiert und beklebt werden.

Tipp: Wer die Blüten lieber dauerhaft verkleben möchte, nimmt statt Maskingtape einfach Klebstoff zur Fixierung der Blüten.

Holz & Erde

Mit **Holz** und **Erde** kann man so *ziemlich alles machen* – *kleine Kunstwerke* und *große Bauten*. **Die Erde** lässt *alles wachsen*, das **Holz** gibt uns **Wärme** und *Behaglichkeit*.

Im richtigen Rahmen

Bilderrahmen aus Zweigen

Ein paar Blümchen sind schnell gepflückt, das Holz sowieso bei jeder Gelegenheit im Vorbeigehen gesammelt und der passende Rahmen für das Blumengemälde ist auch leicht selbst gebastelt.

Utensilien

4 möglichst verwitterte, aber stabile Zweige

Juteband

Kleines Stück Treibholz

Buchstabenstempel

Stempelfarbe

Einige Stiele Wiesenblumen, echte Kamille oder Mutterkraut

So wird's gemacht

1. Zunächst die Zweige mit dem Juteband zu einem Bilderrahmen zusammenbinden.

2. Nun das Stückchen Treibholz mit einen Schriftzug bestempeln und eine Bauchbinde aus Juteband zum Aufhängen anbringen.

3. Die Blumen werden ebenfalls mit etwas Juteband zu einem Sträußchen gebunden und zusammen mit dem Treibholz in den Rahmen gehängt. Fertig ist das Naturgemälde.

Tipp: Und wer z. B. frische Kamille zum Trocknen in den Rahmen platziert hat, hat auch gleich die Zutaten für ein wohltuendes Dampfbad bereit, wenn im Winter die erste Erkältung Einzug hält.

Was wächst denn da?
Pflanzstäbe mit Tafelfarbe

Wir brauchen gar nicht viel, nur ein paar kleine Stücke Bruchholz. In den meisten Wäldern liegen abgestorbene Äste im Unterholz und an Wegrändern. Die Axt kann also gern zu Hause bleiben.

So wird's gemacht

1. Die Aststücke auf die gewünschte Länge zurechtschneiden und am oberen Ende auf einer Seite flachschleifen. Am schnellsten geht das mit dem Schwingschleifer, mit ein bisschen Mühe aber auch mit grobem Schleifpapier.

2. Die Fläche sollte glatt und eben sein, um später gut darauf schreiben zu können. Nun wird die geschliffene Fläche mit Tafelfarbe lackiert.

3. Sobald die Farbe getrocknet ist, kann der Pflanzstab mit dem Pflanzennamen beschriftet und in den entsprechenden Kräutertopf gesteckt werden.

Tipp: Da die Stäbe in der feuchten Erde natürlich mit der Zeit verrotten, am besten gleich einen kleinen Vorrat produzieren.

Utensilien

Einige etwas mehr als fingerdicke Äste von ca. 15 cm Länge

60er–80er Schleifpapier oder Schwingschleifer mit entsprechend grobem Schleifpapier

Tafellach

Kräuter nach eigener Wahl in Blumentöpfen

Ein Stück Kreide oder ein dünner Kreidestift

Blütenlabor

Vase aus Zweigen und Reagenzgläsern

Nicht immer muss es ein üppiger Blumenstrauß sein, denn auch ein paar einzelne Blüten machen in einer besonderen Vase richtig was her, verschönern kleine Ecken und Nischen oder sind eine großartige Tischdekoration für das nächste Gartenfest.

Utensilien

3 kleine Reagenzgläser

Dünne Zweige von 10–15 cm Länge

Bast- oder Hanfband

So wird's gemacht

1. Die Reagenzgläser mit Zweigen verschiedener Länge zusammenfassen, sodass ein abwechslungsreiches Spiel von Glas und Holz entsteht.

2. Alles dick mit Band umwickeln und fest verknoten.

3. Die Zweige und Gläschen nun so auseinanderfächern, dass die Vase stabilen Stand bekommt.

4. Die Reagenzgläschen mit Wasser füllen und einzelne Blüten hineinstellen.

Tipp: Zweige und Reagenzgläser können immer wieder neu gegeneinander verdreht werden, sodass die Vase ein anderes Design erhält.

Persönliche Infotafel

Türschild aus einer Baumscheibe

*Wer irgendwo zufällig noch einen Baumstamm herumliegen hat, greift natürlich
sofort zur Säge und legt los. Alle anderen benötigen einen netten Förster, Land-
schaftsgärtner oder den Bastelladen um die Ecke.*

So wird's gemacht

1. Die Baumscheibe eventuell mit dem Schleifpapier glatt schleifen, damit sich besser darauf schreiben lässt. Mit der Bohrmaschine zwei Löcher bohren, durch die später das Band zur Aufhängung gezogen wird.

2. Nun die Baumscheibe mit der Tafelfarbe lackieren und trocknen lassen. Am besten nach dem Trocknen noch einmal lackieren, dann ist die Schicht dicker und stabi-
ler.

3. Sobald die Scheibe gut durchgetrocknet ist, kann das Band zur Aufhängung durch-
gefädelt und verknotet werden.

4. Mit Kreide einen netten Spruch auf die neue Infotafel schreiben.

Tipp: Die meist recht knalligen Farben der Tafelfarbe lassen sich übrigens durch
Zugabe von ein wenig schwarzer Tafelfarbe variieren.

Utensilien

**Mittelgroße Baum-
scheibe, selbst gesägt
oder aus dem Deko-
bedarf**

**Schleifpapier mit
80er–100er Körnung**

Bohrmaschine

Bunte Tafelfarbe

Pinsel

Buntes Hanfband

1 Stück Kreide

Rubbelkur für zarte Füße
Fußpeeling mit Kiefernnadeln

Der nächste Sommer kommt bestimmt, und unsere Füße wollen ihre Zehen zart und wohl gepflegt aus den Sandalen strecken. Da kommt ein Fußpeeling gerade recht. So ganz nebenbei wirkt die Rubbelkur auch noch durchblutungsfördernd

Zutaten

200 g Meersalz

Abgeriebene Schale von 1 Zitrone

1 Handvoll Kiefernnadeln

Utensilien

Kleines Weckglas

Naturpapier für ein Etikett

Drucker

So wird's gemacht

1. Die Kiefernnadeln, bis auf einige zur Dekoration, grob zerhacken. So werden die ätherischen Öle besser freigesetzt.

2. Das Salz mit der Zitronenschale und den Kiefernnadeln mischen und im 50 Grad warmen Backofen für ca. 20–25 Minuten trocknen lassen. Nun kann das Salz in ein passendes Glas abgefüllt werden.

3. Für das Etikett die Zeichnung eines Fußes ausdrucken. Wer mag, kann auch einen Fußabdruck mit der Hand zeichnen. Das Etikett beschriften und an das gefüllte Glas binden.

4. Zum Gebrauch: Für ein **Fußpeeling** werden 4 EL Salz mit 1 EL lauwarmem Olivenöl (alternativ geht auch Milch) verrührt und die vorher mit lauwarmem Wasser angefeuchteten Füße mit der Mischung eingerieben und zart massiert. Kurz einwirken lassen und gut mit lauwarmem Wasser abspülen.
Für ein belebendes **Fußbad** wird das Salz einfach in warmem Wasser gelöst und die Füße ca. 10 Minuten darin gebadet. Auch hier gut mit warmem Wasser nachspülen.

Tipp: Wer möchte, schenkt gleich noch 1 kleines Fläschchen Olivenöl dazu.

Gedankenstütze
Memobord aus einem Treibholz

Wer kein großes Meer in der Nähe hat, kann auf der Pirsch nach einem wettergegerbten Stück Bruchholz natürlich auch durch Wald und Wiese streifen. Nur Nachbars Zaun sollte lieber nicht des Nachts seiner Latten beraubt werden.

So wird's gemacht

1. Als Erstes wird mit der Bohrmaschine ein Loch zur Aufhängung in das Brett gebohrt.

2. In passender Höhe einen Nagel in das Brett schlagen und die Metallklemme daran aufhängen.

3. Den Block einklemmen, den Stift mit einem Stück Hanfband umwickeln, fest verknoten und ebenfalls anklemmen. Fertig ist die Erinnerungshilfe für vergessliche Freunde.

Utensilien

Ein schönes Stück Treibholz oder auch Bruchholz

Schöner Notizblock

Bleistift

Metallklemme

Nagel

Hanfband

Gaumenschmeichler

Steinpilzöl

Das perfekte Geschenk für alle Eiligen. Ein Steinpilzöl ist superschnell gemacht, sollte allerdings vor dem Gebrauch noch ein paar Tage durchziehen, damit die Aromen sich miteinander verbinden können. Erdig-nussig im Geschmack.

Zutaten

2 EL getrocknete Steinpilze

1 Knoblauchzehe

2 kleine Lorbeerblätter

250 ml natives Olivenöl

Utensilien

2 Fläschchen à 125 ml

Dickes Juteband

Beschriftetes Etikett

Kleiner Stoffrest

So wird's gemacht

1. Die Steinpilze mit der Hand grob zerteilen und auf die Fläschchen verteilen.

2. Die Knoblauchzehe schälen, halbieren und je eine Hälfte zusammen mit einem Lorbeerblatt in die Fläschchen geben.

3. Die Fläschchen mit Olivenöl auffüllen und fest verschließen. Wenn genug Zeit ist, vor dem Verschenken einige Tage durchziehen lassen, dabei ab und an durchschütteln, damit sich die Aromen optimal verbinden.

4. Passend für den Deckel ein kleines Stück Stoff zurechtschneiden, über den Deckel legen und mit Juteband verschnüren. Das Etikett am Juteband festknoten.

Kleine Erleuchtung
Wandleuchter aus Bruchholz

In Wäldern mit naturnaher Bewirtschaftung liegt der eine oder andere Baum und verrottet gewollt unbeachtet vor sich hin. Da ist es sicherlich erlaubt, einem kleinen Stück vom Baum in sanftem Kerzenschein zu neuem Glanz zu verhelfen.

So wird's gemacht

1. Das Holzstück mit der Bohrmaschine durchbohren, um einen Nagel zur Aufhängung anbringen zu können.

2. Ein ca. 25 cm langes Stück Blumendraht – den Draht zur besseren Stabilität eventuell doppelt nehmen – mit der Zange abkneifen. Den Draht mit dem Juteband fest umwickeln.

3. Nun von der Mitte des Drahtes aus gerechnet links und rechts im Abstand von 2–3 cm den Draht mehrmals um eine Kerze wickeln. Es soll je eine stabile Halterung entstehen, aus der sich die Kerze aber problemlos herausnehmen und durch eine neue Kerze ersetzen lässt.

4. Nun den gewundenen Drahtleuchter um das Holz legen und auf der Rückseite fest verschlingen. Der Draht muss so fest am Holz sitzen, dass es nicht abrutschen kann. Am besten geht das mit einem Stück Holz, welches unten etwas dicker wird.

5. Zum Schluss noch einen Zapfen zwischen die beiden Leuchter stecken und eine Schleife daran binden. Beides darf natürlich nicht beim Herunterbrennen der Kerze mit der Flamme in Berührung kommen. Also unbedingt auf den nötigen Abstand achten!

Utensilien

1 schönes kleines Aststück von einem gefällten oder umgeknickten Baum

Dicker Blumendraht

Dickes Juteband

Lärchen- oder Kiefernzapfen

2 kleine Christbaumkerzen

Schönes Baumwollband

Für Pilzsucher

Eingelegte Waldpilze

Hand aufs Herz, Pilze selbst sammeln sollte nur, wer sich auch damit auskennt oder jemanden kennt, den er um Rat fragen kann. Schließlich soll der Beschenkte die Pilze voller Vertrauen genießen können und den Genuss auch unbeschadet überstehen.

Zutaten

250 g gemischte Pilze
125 ml Himbeeressig
75 ml Weißwein
1 TL Zucker
1 TL Salz
2 Lorbeerblätter
6 Pfefferkörner
3 Wachholderbeeren
1 Zweig Thymian
1 Zweig Rosmarin
1 Knoblauchzehe
Ca. 200 ml Olivenöl

Utensilien

Sterilisiertes Einmachglas
mit 250–300 ml
Füllmenge
Kräuterzweige
Hanfband

So wird's gemacht

1. Die Pilze putzen und je nach Größe halbieren oder vierteln.

2. Himbeeressig, Weißwein und Gewürze in einen Topf geben, aufkochen und ca. 15 Minuten sprudelnd kochen lassen. Den Knoblauch mit dem Messer nur leicht zerdrücken und zugeben.

3. Nun die Pilze in den kochenden Sud geben, und weitere 10–15 Minuten kochen lassen. Die Garzeit hängt von der Größe der Pilze ab. Die Pilze durch ein Sieb abgießen, und gut abtropfen lassen. Mit einem Tuch leicht trocknen und in das vorbereitete Glas füllen.

4. Die Pilze nun mit dem Öl übergießen, sodass sie auf jeden Fall gut bedeckt sind. Das Glas sorgfältig verschließen und kühl stellen. Vor dem Verzehr sollten die Pilze noch 1–2 Tage durchziehen.

Tipp: Geeignet sind alle essbaren Pilzsorten, die Pilze sollten aber jung und fest sein. Eingelegte Pilze können durchaus für längere Zeit haltbar gemacht werden, hier ist allerdings Vorsicht geboten und eine sehr sorgfältige und sterile Zubereitung erforderlich. Ich empfehle also eine kurze gut gekühlte Lagerung der ungeöffneten Gläser von maximal 4 Wochen und den Verbrauch eines geöffneten Glases innerhalb von wenigen Tagen.

Spiel mit dem Wind
Kleines Glockenspiel

Einen Hühnergott muss man schon ein bisschen suchen und die eine oder andere Muschel auch. Aber wer mit offenen Augen durch die Gegend streift, hat am Ende immer eine Tasche voller Fundstücke.

So wird's gemacht

1. Wieder zu Hause angekommen, können wir unsere Schätze allesamt mit kleinen Bändern verknoten, um sie später aufhängen zu können. Die Glöckchen ebenfalls mit Aufhängern versehen.

2. Für das Windspiel werden nun zwei Äste zu einem Kreuz gebunden und ein Dritter darunter mit etwas Abstand angehängt. Das Juteband am oberen Ende länger lassen, so können wir das Windspiel gleich daran aufhängen.

3. Nun werden unsere Strandfunde an das Windspiel geknotet. Dabei auf ein gutes Gleichgewicht achten.

Utensilien

3 Äste von ca. 15 cm Länge

Dickes Paketband

Kleine silberne Glöckchen

Muscheln und/oder Schneckenhäuser

Hühnergötter (Steine mit natürlich entstandenem Loch) oder andere Fundstücke aus der Natur

Verschiedenfarbige Hanfbänder

Spiel

Privatwald mit eigenem Reh

Stillleben aus verwitterten Zweigen

Der Traum vom eigenen Wald wird wahr. Und dieser ist auch noch ganz pflegeleicht. Aber auch hier gilt wieder: nur Material von abgestorbenen Bäumen mit möglichst schon stark vermoosten Zweigen sammeln.

Utensilien

Möglichst unterschiedlich vermooste kleine Zweige abgestorbener Bäume

1 knorriges Stück Baumrinde eines abgestorbenen Baumes

Heißklebepistole

Frisches Moos

Kleine Rehfigur (z. B. von Schleich)

Wasserbasierende weiße Acrylfarbe

Pinsel

Etwas Zeitungspapier

So wird's gemacht

1. Als Erstes das Reh mit weißer Acrylfarbe lackieren und auf das Zeitungspapier zum Trocknen stellen.

2. Die Zweige auf eine handliche Größe zurechtstutzen und am besten mit der Heißklebepistole auf Baumrinde kleben. Gut geeignet ist eine strukturierte Rinde, da lassen sich die Zweige bereits in die Vertiefungen stecken und festklemmen.

3. Anschließend den Waldboden mit Moos aufpolstern und das Reh im Wald verstecken.

Tipp: Das Moos kann ab und zu ein wenig mit Wasser besprüht werden, dann bleibt es länger frisch und grün.

Wer suchet, der findet
Schlüsselbord für Schusselige

Schlüssel verkriechen sich gern an den unmöglichsten Orten und sind dann wahre Künstler darin, sich nicht finden zu lassen. Warum also nicht mal etwas für das Nervenkostüm tun und der hektischen Schlüsselsucherei ein Ende bereiten.

So wird's gemacht

1. Zunächst muss ein passendes Stück Holz gefunden werden. Dem Ast muss dann eventuell noch mit der Säge zu Leibe gerückt werden, um den einen oder anderen längeren Zweig zu kappen.

2. Nun geht es daran, passende Plätze für die Möbelknöpfe zu finden und diese für die Bohrlöcher mit einem Stift zu markieren. Ist die Bohrmaschine schon mal im Einsatz, wird gleich ein weiteres Loch für die Anbringung an der Wand gebohrt.

3. Mit Pinsel und Lack bekommt der Ast jetzt noch ein bisschen Farbe und muss dann nur noch trocknen. Ist der Lack getrocknet, werden die Möbelgriffe angeschraubt und der Ast kann an der Wand montiert werden.

Utensilien

1 schön verzweigter dicker Ast

Verschiedene kleine Möbelknöpfe

Bunter Acryllack

Pinsel

Bohrmaschine

Stift

Kleine Säge

Der große Zapfenstreich

Zapfenreigen an Bändern

Die Zapfen können sich entweder nebeneinander an einem Ast aufgereiht um die eigene Achse drehen, aber auch an Zweigen in einer Vase arrangiert, ergibt sich ein stimmungsvoller Zapfenreigen.

Utensilien

Verschiedene Zapfen, z. B. Fichte Kiefer, Erle, Lärche

Schöner, etwas dickerer Ast zum Aufhängen

Weiße wasserbasierende Acrylfarbe

Pinsel

Zeitungspapier

Schleifenband

Dünnes Hanfband

Dickes Juteband

So wird's gemacht

1. Die Zapfen säubern und trocknen lassen. Erst beim Trocknen öffnen sich bei den Zapfen die einzelnen Schuppen.

2. Die Zapfen nur leicht und unregelmäßig mit der Acrylfarbe lackieren, sodass der Naturton noch durchschimmert.

3. Die Zapfen zum Trocknen vorsichtig auf die Zeitung legen und darauf achten, dass die Zapfen nicht am Papier kleben bleiben.

4. Ist die Farbe getrocknet, bekommen die Zapfen eine Aufhängung aus Hanf- oder Schleifenband in unterschiedlicher Länge.

5. Den dicken Ast mit zwei Aufhängungen aus Juteband versehen und die Zapfen daran aufhängen.

Tipp: Der Zapfenstreich eignet sich wunderbar als Dekoration vor einem Fenster.

Wurzelknolle im Kerzenschein
Kerzenhalter aus altem Holz

Wer jetzt auf den Gedanken kommt, auf Knien durch Wald und Wiese zu kriechen, um Bäume und Sträucher auszugraben sei beruhigt. Gebraucht wird eine abgestorbene und gerne bereits verwitterte Wurzelknolle.

So wird's gemacht

1. Die Wurzelknolle sorgfältig abbürsten oder auch abspülen und trocknen lassen. Denn wer will schon den halben Wald auf dem Tisch verteilen.

2. Für einen festen Stand die Knolle eventuell ein wenig zurechtstutzen, der Leuchter darf auf keinen Fall wackelig sein.

3. Für eine winterliche Stimmung die Zapfen vorsichtig an einigen Stellen lackieren und trocknen lassen. Zum Schluss die beiden Kerzenleuchter an zwei stabilen Wurzelausläufern befestigen und Zapfen und Beeren mit feinem Blumendraht an der Wurzel befestigen.

Tipp: Eine größere Knolle wird mit vier Kerzenleuchtern bestückt zu einem wundervoll individuellen Adventsgesteck.

Utensilien

Wurzelknolle einer
abgestorbenen Pflanze
Getrocknete Beeren
und Zapfen
Feiner Blumendraht
Weißer Acryllack
Pinsel
2 Christbaumkerzen-
leuchter
2 Christbaumkerzen

Alle Ideen auf einen Blick

Adressen

Auch wenn Sie das Meiste natürlich selbst gesammelt haben, es gibt doch Schönes, Dekoratives und Nützliches, was unser Fundstück aus der Natur noch schöner macht. Natürlich ist der Einkauf vor Ort der Beste, aber mancher hat vielleicht nicht den passenden Laden vor der Tür oder sucht etwas ganz Bestimmtes. Hier also einige nützliche Adressen:

Geliebtes-Zuhause
Weststyle GmbH
Robert-Bosch-Str. 18
63584 Gründau
www.geliebtes-zuhause.de

small treasures
Nicole Kukkel
Wervershoofer Str. 26
51647 Gummersbach
www.smalltreasures.de

Blueboxtree
Blueboxtree Gmbh
Mauerkirchstr. 8
81679 München
www.blueboxtree.de

Die Schönhaberei
Angela Huttner
Frieda-Forster-Str. 52
86399 Bobingen
www.schoenhaberei.de

Casa di Falcone
Martin Falcone
Hilsmannweg 23b
59755 Arnsberg
www.casa-di-falcone.de

Gläser und Flaschen
Gläser und Flaschen GmbH
Altonaer Str. 84—90
13581 Berlin
www.glaeserundflaschen.de

Über die Autorin

Frauke Antholz ist seit 2002 als selbstständige Fotografin im Bereich Editorial – Food und Stills tätig. Neben der Fotografie gehören auch das Kochen und Entwickeln einfacher, aber wirkungsvoller Deko- und Geschenkideen zu ihren Leidenschaften. Hier greift sie besonders gerne zu allem, was die Natur zu bieten hat. Die Kielerin arbeitet für Verlage und Redaktionen und ihre Fotos erscheinen regelmäßig in Magazinen rund ums Kochen und Genießen.

Impressum

Bibliografische Information der Deutschen Nationalbibliothek

Die Deutsche Nationalbibliothek verzeichnet diese Publikation in der Deutschen Nationalbibliografie; detaillierte bibliografische Daten sind im Internet über http://dnb.d-nb.de abrufbar.

BLV Buchverlag GmbH & Co. KG

80797 München

© 2014 BLV Buchverlag GmbH & Co. KG, München

Bildnachweis

Alle Bilder von Frauke Antholz, außer:
S. 6, 127: Holger Münchow,
Illustrationen. Pusteblume – fotolia/hibrida 13,
Blattstängel – fotolia/Konovalov Pavel

Umschlaggestaltung: Eva Schneider
Umschlagfotos: Frauke Antholz

Lektorat: Alexandra Flache
Herstellung: Angelika Tröger
Layoutkonzept Innenteil: griesbeckdesign,
Dorothee Griesbeck, München
DTP: Uhl + Massopust GmbH, Aalen

Gedruckt auf chlorfrei gebleichtem Papier

Printed in Germany
ISBN 978-3-8354-1289-7

Hinweis

Das vorliegende Buch wurde sorgfältig erarbeitet. Dennoch erfolgen alle Angaben ohne Gewähr. Weder Autorin noch Verlag können für eventuelle Nachteile oder Schäden, die aus den im Buch vorgestellten Informationen resultieren, eine Haftung übernehmen.

Die schönsten Mitbringsel aus Garten und Wald

Anke Schütz
Geschenke aus Kräutern und Wildfrüchten
Ganz individuell: kulinarische und dekorative Geschenkideen · 50 Vorschläge für Rezept- und Deko-Ideen mit Kräutern und Wildpflanzen aus Garten und Natur · Ein abwechslungsreicher Mix für alle Jahreszeiten mit Tipps für Geschenkverpackungen · Von Wildkräuterpesto, Blümchen-Osternest und Birkenkranz über Senfblütenbutter und Graszopf-Deko bis zu Schlehenlikör, Halloween-Kürbis, Walnussbrot und Tannengrün-Girlande.

ISBN 978-3-8354-1183-8